영유아를 위한 그림책과 놀이지도

– 영유아 교사를 위한 100권의 그림책을 중심으로 한

106가지 다양한 놀이활동 지도서 –

정남미 · 안은정 · 이용숙 지음

창지사

머리말

유아들에게 그림책은 작가와 미술가에 의해 정선된 글과 그림이 똑같이 중요한 비중을 차지하는 한 권의 종합예술이다. 그림책은 유아가 세상에 태어나 처음으로 접하게 되는 첫 미술 작품이자 문학 작품으로서 성인과 유아가 함께 공유하는 책이다.

그림책을 통해 유아들은 인간의 다양한 삶을 이해하고, 즐기며, 희망과 기쁨, 슬픔을 느낀다. 그림책이 주는 이러한 간접 경험의 기회는 지식 기반을 심화하고 확대하는 귀중한 자원이 되며, 그림책의 풍부한 어휘와 구문은 모국어의 아름다움과 언어를 자연스럽게 습득케 하는 놀라운 힘이 있다.

유아들은 본능적으로 놀이를 즐기며, 생활의 거의 대부분을 놀이로 보낸다. 그림책도 예외는 아니어서 그림책에 대한 영아들의 첫 반응은 놀이에 가까우며, 그림책과 놀이는 상호 연결되어 있다고 볼 수 있다. 그림책을 놀잇감으로 인식하던 영아는 어느 순간 그림책의 겉과 속에서 나름의 의미를 찾아가고, 즐기며, 그림책 내부에 존재하는 놀이를 인식하고 마침내 글의 내용에 주의를 기울이게 된다. 즉 놀잇감으로서의 그림책에서 문학작품으로서의 그림책으로 인식이 발전한다고 볼 수 있다.

본 서에서는 그림책의 의미를 고찰하고, 새로운 시각으로 그림책을 바라보며, 영유아 교사와 부모들에게 종합 예술로서의 그림책, 놀잇감으로서의 그림책의 의미와 활용을 새롭게 제안하고자 한다.

이 책은 크게 두 부분으로 나뉘어져 있다. 제1부에서는 영유아를 위한 그림책과 놀이지도의 이론적 기초를 제시하였고, 제2부에서는 100권의 정선된, 다양하고 흥미로운 양질의 우수한 그림책을 선별하여 발달 단계(수준)별로 그림책과 놀이를 구분하여 교육현장에서 교사들이 비교적 쉽게 지도 적용할 수 있는 106가지의 활동들을 개발하여 수록하였다.

특히 제2부에서는 1. 그림책과 친구되기, 2. 그림책과 놀이하기, 3. 그림책 만들기 놀이의 세 범주로 구분하여 놀이 활동을 제시하여 영유아 교사와 부모들이 단계적으로 교육현장 및 가정에서 그림책을 중심으로 쉽게 놀이지도에 임할 수 있도록 하였고, 놀이 영역별로 다양한 놀이활동을 수록하였다.

이 책의 장점이자 다른 책과의 차별화된 점은, 영아와 유아들을 위한 그림책과 놀이활동을 구분하여 발달단계에 따라 교사 및 부모들이 체계적으로 지도할 수 있도록 한 점이다. 특히 영아의 경우 그림책과의 처음 만남은 즐거운 놀이로 시작한다는 데 비중을 두었다.

좋은 책을 만들고자 나름대로 정성과 최선을 다했지만 부족한 점이 많은 것 같다. 부족한 부분은 앞으로 보완해 나가기로 하며, 독자 여러분의 격려와 조언을 겸손하게 받고자 한다. 본 서가 영유아들의 놀이를 연구하고 지도하는 교사뿐만 아니라, 유아교육을 전공하는 학생, 대학원생, 영유아기의 자녀를 둔 부모들에게 널리 활용되기를 바란다.

이 책이 나오기까지 많은 사람들의 도움을 받았다. 먼저 이 책은 많은 국내외 학자들의 저서와 논문에서 많은 내용을 직 · 간접으로 인용하였다. 지면을 통해 감사의 뜻을 표한다. 또한 활동사진 촬영에 도움을 주신 숲속풍동 어린이집 정혜숙 원장님과 선생님들, 조애리 선생님, 영아전담 사랑어린이집 이은진 원장님께 감사드리며, 활동에 참여해준 어린이들에게도 감사의 마음을 전한다.

끝으로 출판을 맡아주신 창지사 김기섭 사장님과 이상대 부장님, 복잡한 원고를 정성을 다해 작업해주신 최창숙 부장님께 감사드린다. 그리고 집필 과정을 사랑과 이해로 보살펴준 가족들에게 사랑과 감사의 마음을 전하며, 무엇보다도 복잡한 일상 가운데 집필을 무사히 마치고 책이 출간될 수 있도록 도움을 주신 하나님께 깊이 감사드린다!

2009년 여름
저자 씀

차례

제1부 그림책과 영유아 놀이지도 활동의 이론적 기초

chapter 1

들어가기 : 그림책과 놀이, 그 새로운 관계의 제안

그림책은 오랜 시간 인간의 삶을 반영해 왔기 때문에 그림책에 대한 관심이 지속되어 왔다. 최근까지 그림책을 바라보는 관점은 유아 혹은 아동을 대상으로 한 교육 매체로 인식되어 활용되어 왔으며, 또한 어떻게 활용할 것인가에 대한 방법적인 측면에 대한 고민이 주를 이루어 왔다. 때문에 그림책의 대상을 문어를 인식하고 사용하기 시작하는 유아 혹은 아동으로 보았으며, 그 내용 역시 교훈적인 것이었다.

이와 맥을 같이하여 유아교육분야에서도 그림책을 활용한 다양한 문학적 접근이나 총체적 접근 등 문학을 중심으로 한 교육적 접근이 이루어져 왔다. 그러나 최근 그림책에 대한 다양한 인식과 조망이 일어남에 따라 그림책을 교육적인 내용의 전달 매체로 보는 것이 아니라 그림책의 그림과 글이 아름다움을 나타내기에 충분한 종합예술이라고 보는 시각이 강조되고 있는 실정이다. 그러므로 본서에서는 그림책을 바라보는 새로운 시각과 함께 그림책과 놀이의 관계성을 제안하고자 한다.

첫째, 그림책의 독자를 유아와 아동으로 한정하기보다는 성인과 영아로까지 그 대상을 넓혔다. 유아문학에 있어 그림책의 위치는 사뭇 남다르다. 이는 그림책이 가지는 내용적 특성뿐 아니라 독자에게 친근하게 다가설 수 있는 그림책만의 독특

한 의사소통방식 때문이다.

즉, 글과 그림이라는 두 가지 의사소통방식을 통하여 독자에게 전달하고자 하는 의미를 보다 명확하고 융통성 있게 제시한다. 이러한 그림책의 특성으로 인하여 독자의 범위가 영아와 성인으로 보다 확대되어졌다. 이는 그림책의 글과 그림이 이해하고 해석해 가는 데 있어 독자의 경험과 발달에 맞춰 글과 그림의 의미 해석이 융통성을 가질 수 있기 때문이다.

둘째, 영유아들은 그림책을 통하여 세상을 이해하고 놀이를 통하여 세상에 적응한다. 그림책과 놀이의 특성은 많은 부분 동일하다. 그림책을 보는 독자와 놀이를 하는 놀이자 모두는 누군가의 강요가 아닌, 스스로 하고자 하는 내적 동기에 따라 충분히 즐기며 주도적으로 활동한다는 것이다.

놀이자나 그림책의 독자는 인간으로서 삶을 살아가기 위한 기본적인 발달을 돕는 동시에 자신이 학습을 하고 있다는 인식을 하기 이전에 그 자체에 몰입을 하게 된다. 즉, 영유아는 그림책을 보고 놀이를 하는 과정에서 사회화되어 가는 동시에 언어발달과 정서발달, 신체발달 등 발달의 제 영역에서의 약진이 이루어진다. 영유아는 그림책 보기와 놀이를 통해 교육받고 있고 학습하고 있다는 것을 인식하지 못하고 영유아 스스로 주도적으로 활동에 참여함으로써 깨우쳐 간다. 특히 이 시기에 무엇보다 중요한 것은 영유아가 이러한 과정을 충분히 즐긴다는 데 있다.

셋째, 그림책에는 다양한 놀이가 숨겨져 있다. 그림책은 단순히 인지적이고 교육적인 매체가 아닌 그림책의 안과 밖에 다양한 놀이가 포함되어 있다는 것이다. 그림책을 보는 독자와 놀이를 하는 놀이자의 특성이 동일한 출발점을 가진다면, 그림책과 놀이는 상호 관련이 있다고 볼 수 있다. 영아기는 다양한 재질의 그림책을 접하고 충분히 즐길 수 있는 시기이며 이 시기의 그림책 보기는 그림책을 읽는

것으로부터 시작되는 것이 아니라 입으로 물고 빨거나 그림책을 쌓고 무너뜨리는 등의 놀잇감으로 인식하는 것으로부터 시작된다. 그림책을 놀잇감으로 인식하기 시작하던 영아는 어느 순간 그림책의 겉과 속에서 나름의 의미를 찾아가며 즐기고, 나아가 그림책 내부에 존재하는 놀이를 인식하고 즐기게 된다.

즉, 유아는 그림책을 펼쳤을 때 주인공에 이입되어 놀이를 하고 그림책 내부에 존재하는 놀이를 주인공의 입장에서 즐기게 되며, 다시 실제 생활로 그 놀이를 가지고 나와 또래 영유아들과 놀이를 하는 모습을 보인다. 이러한 과정은 성인의 의도를 반영하기보다는 영유아 스스로 그림책과 놀이의 연계성을 이해하고 신현해 가는 것이므로 의미가 크다.

본서에서는 달라진 그림책의 의미를 재고찰해 보고, 새로운 시각으로 그림책을 바라보며 현장교사와 학부모들에게 종합예술로서의 그림책, 놀잇감으로서 그림책의 의미와 활용을 제안하고자 한다.

chapter 2

그림책 이해하기

1. 그림책 정의하기

그림책은 어떠한 책인가? 그림책에 대한 정의를 단순히 규정하면 글과 그림이 있는 책이라 할 수 있다. 그림책을 바라보는 사람들은 그림책을 영유아가 보는 글과 그림 언어로 이루어진 언어예술 차원의 책이라고 정의한다(서정숙, 김정원, 2008). 이렇게 글과 그림으로 구성된 그림책은 유아문학, 아동문학의 한 장르로 여겨져 왔다. 유아문학과 아동문학의 차이 역시 그 대상이 유아이냐 혹은 아동이냐의 차이일 뿐 문학을 통하여 유아나 아동이 자신의 욕구를 충족시키고 위로받을 수 있는 문학이라는 것이다. 그러므로 그러한 구분은 커다란 의미를 지니지 않는다(서정숙 외, 2008; 석용원, 1982).

현재까지 유아문학은 출생에서부터 8세까지의 영유아를 대상으로 한 내용과 형식을 갖춘 문학이라고 정의하고 있으며, 작가가 일차적으로 유아에게 읽힐 것을 목적으로 창작한 특수문학이다(김세희, 2008; 김현희, 박상희, 1999; 서정숙 외, 2008; 이상금, 장영희, 1986; 임영심, 고문숙, 1999). 유아문학은 동화, 동시, 전래동요, 동극, 유아도서의 다섯 가지 장르로 나뉠 수 있으며, 동화의 장르는 크게 전래동화와 창작동화로 구별할 수 있다.

그림책은 이러한 다섯 가지 장르 중 유아도서에 속하는 것으로 영유아를 위한 책은 유아 혼자서 읽는 책이 아니라 성인이 읽어 주는 소리를 들으면서 그림을 보고 내용을 이해하는 책이다(김정규, 정남미, 한애향, 2002). 또한 그림책은 내용에 등장인물, 플롯, 주제, 배경, 문체 등의 문학적 구성요소를 갖춘 것으로 '문학적 그림책'이라 부르기도 한다(서정숙, 2001; Bromley, 1991; Cullinan & Galda, 2002; Glazer, 1997; Rothlein & Meinbach, 1991; Russell, 1991; Sutherland, 1997).

이제까지 그림책은 영유아를 대상으로 하는 글과 그림이 모두 읽기 쉬운 책이라고 정의해 왔다(현은자 외 9인, 2007). 그러나 최근에는 다양한 학문분야에서 그림책에 대한 관심이 늘어남에 따라 그림책에 대한 교육학적 접근보다는 미학적 접근이 부상하고 있는 실정이다. 이러한 그림책의 미학적 접근과 맥을 같이하여 유아문학의 대상 역시 기존의 성인(석용원, 1982; 이상현, 1987) 혹은 아동(이재철, 1983)으로 달리 보는 경우도 있어왔지만 최근 그림책의 대상은 연령에 관계없이 동심의 세계를 추구하는 모든 이를 포함한다는 데 일치를 보이고 있다.

이는 기존의 그림책이 단순히 영유아를 위한 책이라는 의미에서 벗어나 성인의 마음을 따뜻하게 하거나 혹은 단순하지만 변치 않는 진리를 제시하여 감동을 주기 때문이다. 뿐만 아니라 그림책의 주제와 전달의 방법까지도 범위가 확대, 변화되고 있다. 그림책은 글을 통하여 이야기를 전할 뿐 아니라 그림도 이야기의 주제나 줄거리, 극중 인물의 감정 혹은 행동과 같은 문학적 요소를 포함하는 또 하나의 언어가 된다는 것이다.

때문에 그림책은 글과 그림이 함께 조화를 이루는 책, 작가와 미술가가 협력하여 만든 책으로 그림책의 글과 그림이 모두 나름대로 중요성을 가진다는 것이다. 그러므로 그림책은 문학성과 미술성을 갖춘 복합예술 작품이라 할 수 있다(강문희, 이혜상, 2008). 이러한 기준에서 보면 그림책은 글이 아닌 그림을 통해 더 많은 메시지의 전달이 가능한 책, 글과 그림이 서로 보완되는 책, 심지어 글과 그림이라는 각각의 매체가 상반된 의미를 전달하며 새로운 제3의 의미를 창출하는 책(현은자 외, 2007)이라고 할 수 있다. 정리하면 복합예술 작품인 그림책은 의미의 전달 방법과 주제 등이 다양해짐에 따라 독자의 폭이 넓어졌다.

그림책의 특성은 그림책과 이야기책의 차이를 통하여 보다 명확히 이해되어질 수 있다. 그림책과 이야기책의 커다란 차이는 글과 그림 중 무엇이 더 많은 의미, 즉 메시지를 전달하느냐에 대한 것이다.

이러한 그림책과 이야기책의 차이를 현은자 외(2007, pp. 15-19)는 다음과 같이 언급하였다. 그림책과 이야기책 모두 독자에게 의미를 전달하는 책이나, 문자언어가 그 의미를 중점으로 다루는 것을 이야기책이라 할 수 있으며, 그림언어가 그 의미를 중점으로 다룰 때를 그림책이라고 할 수 있다. 즉, 그림책과 이야기책 모두 독자에게 '읽혀지는 책' 이지만 이야기책의 경우는 글이 주된 설명을 하고 그림은 부연설명을 하는 보조적 역할을 한다. 반대로 그림책의 경우는 이야기를 하는데 있어 그림이 이야기를 풀어나가며 글은 그림을 부연하는 것이다. 그러므로 그림책의 경우는 그림이 없다면 이야기를 완전히 이해하기 어렵다는 것이다.

이러한 그림책의 글과 그림의 관계를 서정숙 외(2008, pp. 24-27)는 동행관계와 이행관계로 나누어 제시하였다. 동행관계는 글과 그림이 하는 이야기의 방향이 같은 것이다. 동행관계는 결합적 동행과 보완적 동행으로 구분할 수 있는데, 글이 이야기를 이끌고 그림이 그 분위기를 살려주거나 글을 충분히 묘사하는 표현과 대표적 이미지를 선택하여 집약적으로 표현하는 그림책의 관계를 결합적 동행이라고 한다. 또한 보완적 동행은 그림책의 그림이 글의 상황을 구체적으로 표현하거나 설명하거나 다음 이야기로의 진행을 돕거나 글과 그림이 교대로 이야기를 진행하는 것을 말한다.

반면 이행관계는 글과 그림이 하는 이야기의 방향이 다른 것을 말한다. 이행관계의 첫 번째 '영감' 은 글이 갖는 이미지를 포착하여 그것을 하나의 영상으로 형상화하는 것이다. 즉, 글이 서술하는 것을 그림이 돕기보다는 또 하나의 표현을 위해 사용되는 것이다. 둘째, '아이러니' 는 글과 그림이 반대의 상황을 보여줌으로써 독자에게 유머나 풍자를 느끼게 하는 것이다. 즉, 글이 묘사하는 상황과 그림이 묘사하는 상황이 전혀 다른 경우를 말한다. 셋째, '대위법'은 그림책의 한 장면에서만이 아니라, 전반에 걸쳐 글과 그림이 서로 다른 이야기를 하는 것을 말한다.

글과 그림의 관계를 어떻게 보든, 그림책의 글과 그림 모두가 이야기의 의미를 전달하는 데 중요한 수단이 되며 글과 그림이 하나의 예술로서 서로 없어서는 안 되는 또 하나의 복합 언어라는 것에는 모든 사람들이 동의함을 알 수 있다.

2. 그림책의 가치 알기

글과 그림이 조화를 이루는 그림책은 다감각적 경험, 즉 시각적인 경험뿐 아니라 촉감을 느낄 수 있는 기회를 제공하기 때문에 유아에게 상상력과 창의성 및 나아가 아름다움에 대한 심미감을 발달시키는 매체가 된다(김현희, 박상희, 2008; 현은자 외, 2007).

그림책의 교육적 가치는 다음과 같다(유수경, 정명숙, 송주연, 2008; 이경우, 1997; Burke, 1990).

첫째, 그림책은 언어발달을 돕는다. 이는 영유아가 그림책의 글과 그림을 함께 봄으로써 그림책의 주된 이야기를 더 잘 이해하게 되어 영유아의 풍부한 언어발달을 도울 수 있도록 한다.

둘째, 그림책을 보고 들음으로써 영유아가 풍부한 정서적 경험을 할 수 있도록 한다. 다양한 정서가 포함된 그림책은 독자인 영유아의 정서적 반응을 유도한다.

셋째, 영유아들은 그림책을 보고 들으며, 그림책의 내용에 포함된 구체적이고 세부적인 것들을 관찰할 수 있는 기회를 경험하게 되므로 다양한 개념을 형성, 상상력과 사고의 발달을 이룬다.

넷째, 그림책은 영유아들로 하여금 주인공과 등장인물에 쉽게 빠져들고 동일시가 가능하게 하는 특징을 가지고 있다. 이는 영유아가 주인공과 등장인물이 처한 상황에 자신을 이입시켜 보게 함으로써, 자신감과 통제력 발달을 돕는다.

다섯째, 그림책은 영유아의 사회 적응을 돕는다. 그림책은 영유아로 하여금 경험의 폭을 넓히고, 다양한 사회적 관계에 대한 간접경험을 주어 사회적응을 돕는다.

여섯째, 그림책의 예술적 요소들은 영유아들에게 예술적 아름다움을 감상할 기회를 제공함으로써 영유아의 심미감을 발달시킨다.

이제까지 그림책의 가치를 단순한 이야기 전달의 도서 혹은 언어발달의 매체로 인식하는 경우가 많았으나, 오늘날 그림책을 바라보는 시각은 보다 다양한 의미에서 그 중요성이 강조되어진다. 즉, 그림책을 통하여 영유아들의 이야기 개념의 발달, 문자구조와 기능, 성인과의 상호작용 능력과 같은 언어발달뿐 아니라 예술적 영상에 대한 이해를 통해 예술성과 상상력 발달을 돕는다.

또한 그림책이 가지는 가장 큰 가치는 그림책이 글과 그림을 통하여 영유아들이 세상과 소통하도록 돕는다는 것이다. 그림책의 내용은 가족 혹은 친구의 이야기 등 영유아의 일상생활과 관련된 내용들이다. 따라서 영유아들이 직접 경험해 보지 못하거나 앞으로 경험하게 될 일들을 간접적으로 경험할 수 있도록 하여 상황과 상대에 따라 감정을 표현하고 문제를 해결하는 방법을 익히는 등 세상과 소통하는 하나의 매체가 됨을 알 수 있다(김현희 외, 2008; 이대균 외, 2006; 현은자 외, 2007).

3. 그림책의 유형 알기

학자마다 그림책의 기준이나 분류가 달라지기 때문에, 일반적으로 그림책의 종류나 장르를 구분하기는 쉽지 않다. 그러나 일반적인 그림책의 주제와 소재별, 연령별, 장르별 분류는 다음과 같다.

영아를 위한 그림책으로 마더 구스, 알파벳 책, 수세기 책, 개념책, 글 없는 책과 읽기 시작하는 아이들을 위한 책, 그림이야기 책(Sutherand, 1997), 글자 있는 그림책과 글자 없는 그림책(한유진, 2003; Senechal, Cornell, Broda, 1995) 혹은 유아에게 친숙한 그림책과 새로운 그림책(Goodsit Raitan, Perlmutter, 1988)으로 나눌 수 있다.

장르별로 그림책을 분류하는 경우는 정보 그림책, 민담, 전설, 신화, 환상동화, 사실동화, 시로 나누어 제시되기도 하며, 주제별로 그림책을 분류하는 경우는 나, 가족, 친구, 생명과 죽음, 나와 다른 사람의 이해, 사회문제의 이해 등으로 나누어질 수 있다(김현희 외, 2008). 김정화(2006)는 이야기 중심의 서술적인 그림책과 지식 정보책으로 나누어 제시하였다. 서술적인 그림책은 사건들이 도입과 전개, 위기, 해결의 순서로 전개되며 각 등장인물 간의 갈등과 성장에 초점이 맞춰신다. 반면 정보 그림책은 사물의 일반적인 특성에 따라 현상을 분류하는 데 관심을 두며, 문학의 요소는 거의 사용되지 않는 반면 기술적인 용어가 주로 사용된다.

김현희, 박상희(2008)는 그림책의 유형을 영아를 위한 그림책, 글 없는 그림책, 글이 있는 그림책으로 나누어 제시하였다. 영아를 위한 그림책은 글자 그림책, 수세기 책, 개념책, 놀이 그림책 등이 포함되며, 글 없는 그림책은 그림만으로 이루어지거나 아주 약간의 글이 포함된 그림책으로 거의 그림 언어로만 내용을 나타낸다. 그러므로 글 없는 그림책은 문학적이라기보다는 예술적이라 할 수 있다. 그러나 다른 한편으로 생각해 보면 글 없는 그림책을 읽는다는 것은 개별적인 각 장의 그림을 보는 것이 아니라 인물, 배경, 주제, 플롯과 같은 문학적 요소를 포함하고 있는 연결된 이야기 그림의 시각적 이미지로부터 의미를 구성해 내는 것, 즉 그림을 해독하는 것이다(서정숙 외, 2008; Glazer, 1997). 마지막으로 글이 있는 그림책으로 나뉘어진다.

chapter 3

그림책에 대한 새로운 시각 갖기

1. 그림책 다시 보기

그림책은 영유아로 하여금 즐거움을 느끼게 하고, 감동의 세계를 제시함으로써 마음과 정서를 순화시켜 영혼의 싹을 틔워 주는 '예술이 함께하는 문학' 인 동시에 '문학이 있는 예술' 이다(서정숙 외, 2008). 이러한 그림책은 다른 예술의 미적 체계와는 달리 그림이라는 시각언어와 글이라는 문자언어의 이중적 구조를 사용하는 독특한 예술적 규칙과 체계를 가지고 있다. 때문에 그림책을 예술 장르로 인식하는 그림책 작가들은 그림책이 교육적이어야 하고, 유아가 읽는 책이라는 기존의 생각에서 벗어나 단순한 구조와 틀을 깨고 작가의 상상력을 자유롭게 표현하는 데 주안점을 두고 있다.

최근 출판되는 많은 그림책은 이러한 그림책의 예술성과 다양성으로 인하여 예술의 독특한 형식으로 발전되고 있다(임부연, 박향원, 2008). 그러나 그림책의 예술성과 심미성에도 불구하고 여전히 유아교육현장에서는 그림책을 교수매체로서의 수동적 역할로 한정지어 활용하고 있는 실정이다. 이제까지 그림책을 바라보는 시각은 영유아를 위한 학습의 수단으로 바라보는 견해가 지배적이었다. 때문에 대학에서는 그림책을 중심으로 한 영유아의 언어발달 제 영역(말하기, 듣기, 읽기, 쓰기)과 교과의 제 영역(언어, 사회, 수학, 과학, 음률, 미술 등)을 통합하는 교육과정 등 그림책의 주제와 내용을 활용한 교육활동에 초점을 맞춰 왔다(서정숙 외, 2008; 정남미, 한애향, 2006; 현은자 외, 2007).

그림책에 대한 이러한 시각은 최근 그림책에 대한 미학적, 예술적 접근이 일어나면서 그림책의 독자가 단순히 영유아가 아닌 성인에게로 확장되어지며 그림책의 의미 전달과 창출에 관심이 생겨나고 있는 추세이다. 그림책은 비유적이며 상징적 수단인 시각적, 언어적 요소를 활용하여 내용과 의미를 전달하고 상상의 세계를 창조하기 때문에 그림책으로 묶여져 있는 각각의 장면들은 회화로써 글의 내용과 주인공의 성격, 배경에 따라 구성된 시간적, 공간적 예술이므로 타 예술 장르와 구별된 예술형식이라는 것이다. 때문에 영유아들은 그림책을 통하여 예술적 아름다움을 느끼고 익히며 경험하게 된다(임부연 외, 2008).

그림책의 특성을 미학적, 예술적 시각으로 바라보는 최근의 연구자들(임부연 외, 2008; 서정숙 외, 2008; 이지현, 2007)이 제시한 그림책의 특성을 정리하면 다음과 같다.

첫째, 그림책은 경험과 현실을 연결하는 통일성의 예술이라는 것이다. 이는 영유아가 그림책 감상을 통하여 느끼고 생각한 것이 다시 유아의 일상에 적용되어 나타난다는 것이다. 이 때 그림책은 영유아가 일상에서부터 예술세계 사이로 이동하는 것을 도와주는 견인 역할을 한다는 것이다. 이는 마치 영유아가 자신이 그림책 안의 세계에 있는 것처럼 주인공과 동일시하도록 하며, 내용의 전개에 따라 사물을 직접 보고 느끼는 듯한 생생한 경험을 하게 한다. 때문에 영유아는 그림책에서 느끼고 생각한 것을 자신의 생활에 적용하므로 영유아에게 있어 그림책은 그림책의 세계와 현실을 통합하는 통일성의 예술이라는 것이다. 즉, 그림책에서 최고의 경험은 독자가 그림책의 대상과 사건을 함께 경험하는 데 있다(임부연 외, 2008).

둘째, 그림책은 언어체험의 경로이자 상상력의 장이다. 영유아가 그림책의 글을 읽고 그림을 보며 이야기의 세계를 선명하게 머릿속에 그릴 수 있도록 하기 때문에, 그림책 속의 그림의 색과 모양이 이야기 전달에 효과적이며 이야기 표현력을 지닌다는 것이다. 영유아는 그림책의 글과 그림을 읽으며 이야기 세계를 형성해 가며 풍부한 상상력을 발달시킨다. 따라서 문학적이며 예술적인 그림책의 표현은 풍부한 심미적 요소뿐 아니라 상상적 요소를 가지고 있다(전게서, p. 36).

셋째, 그림책은 글과 그림으로 구성되어 있으며, 독자가 알아챌 수 없는 '틈'이 존재하는 미완성된 예술작품이라는 것이다. 그림책의 이 '틈'은 독자의 문화적, 사회적, 역사적 배경을 토대로 미술적 지식과 상상력, 독해력, 이해력 등을 바탕으로 한 읽기를 통해 메워지게 된다. 때문에 그림책은 독자에 의해 읽혀질 때 완성되는 것이다(이지현, 2007). 독자는 그림책을 이해하고 완성하는 과정에서 중요한 역할을 담당하므로 창작자와 동등한 위치인 제2의 창작자로 간주된다(전게서, p. 36).

넷째, 그림책은 융통성과 다의성을 포함한다. 이는 그림책의 글과 그림의 의미 전달과 창출에 있어, 독자의 시각과 성향에 따라 다양한 의미로 해석되고 받아들여질 수 있는 융통성과 다의성을 포함하고 있기 때문이다. 그림책은 독자가 성인 혹은 영유아이냐에 따라 동일한 그림책을 보고도 그들 나름의 지식을 구성하도록 한다는 것이다. 뿐만 아니라 글이 나타내는 것 이상의 의미를 그림이 상상하도록 돕는다는 것이다. 이 때 중요한 것은 그림을 그리는 작가의 독특한 표현양식이 제3의 의미를 창출할 수 있도록 하는 융통성과 다의성이 그림책의 특성이 된다는 것이다(서정숙 외, 2008).

그림책이 가지는 예술적, 미학적 특성은 독자가 느끼는 심미감을 중심으로 바라볼 때 더욱 잘 이해된다. 즉, 영유아기의 미적 인식이란, 직감적인 기쁨으로 감상의 대상이 무엇이건 직관적으로 좋은 감정이 들면 그것으로 충분하다는 것이다. 이러한 관점에서 영유아기에 접하는 그림책은 영유아에게 직감적으로 좋은 감정이 들도록 하는 심미감을 형성하도록 돕는다. 그림책에서 제시하는 심미감을 임부연 외(2008, pp. 43–55)는 네 가지로 나누어 제시하였다.

첫째, 그림책에는 '표면적 심미화' 요소가 존재한다. 이는 그림책의 표면에 나타나는 점, 선, 공간, 형태, 질감, 구도, 조망, 기법과 같은 구문적 요소와 주제, 플롯, 등장인물, 문체와 같이 의미를 통하여 심미감을 제시하는 의미적 요소, 재현주의, 표현주의, 인상주의, 만화, 민속그림 등의 예술 양식이 포함되어 있다는 것이다. 이는 그림책의 안에서 글과 그림이 통합되어 독자에게 미적 감각을 형성하게 한다는 것이다.

둘째, '심층적 심미화'가 가능하다. 표면적 심미화 과정은 표면적 심미감을 내면적 미적 쾌감으로 이끌어 간다는 것이다. 이는 그림책을 보고 느끼는 표면적 심미화 과정이 확장되어 가는 것으로, 개인의 주관적 미의식과 문화적 미의식의 생성과 변화를 초래한다. 이는 영유아가 그림책을 읽으며 느끼는 감수성, 즐거움의 경험과 같은 미적 체험, 작품을 읽는 유아의 세계, 그림책과 독자 사이의 의사소통의 방식 등에 그림책의 심층적 심미화 요소가 있다는 것이다.

셋째, 그림책에는 '윤리적 심미화'가 존재한다. 그림책에는 인간의 존재방식과 관계되는 윤리가 포함되어 있다. 이는 인간관계 안에 존재하는 윤리가 심미감을 기초로 형성된다는 것으로, 영유아는 그림책을 통해 윤리적 심미화 과정을 경험하며 자라난다는 것이다.

넷째, 그림책의 또 다른 심미적 요소로는 '인식론적 심미화'를 들 수 있다. 예술은 작가의 경험과 이해, 가치관에 따라 자신의 내적 세계를 표상하므로, 모든 예술은 어느 정도의 지식을 포함하고 있다. 때문에 예술은 인식론이며 이는 그림책 작가가 제시하는 개념과 가치가 포함된 지식을 개념중심적 혹은 주지주의적 방식에서 탈피하여 그림책의 독자인 영유아 나름의 문학적 상상력을 통해 스스로 적극적으로 지식구성의 즐거움을 경험하도록 돕는다.

그림책은 영유아들에게 다양한 경험을 제공함으로써 끊임없이 의미를 재생산하게 하는 '의미 창출의 공간'이다. 영유아들은 성인과는 다른 독특한 지각의 방식으로 세계의 내적 존재로서 그림책을 읽고 즐기게 된다. 그러므로 그림책이 가지는 심미적 요소를 최대한 활용하여 영유아와 교육적으로 소통할 수 있는 가장 의미있고 가역적인 영역으로 이해되어져야 할 것이다(전게서, p. 55).

2. 그림책의 그림 이해하기

그림책은 여러 그림들이 조합된 연속체로서, 그림의 공간에 시간적인 흐름이 도입되어 그림과 글이 유기적으로 결합된 새로운 예술형식이다(변윤희, 2004). 더욱이 그 내용과 요소에 미술과 문학, 음악과 미술, 무용과 미술 등의 다양한 예술형태가 통합되어 있으며(변윤희, 현은자, 2002; Nodelman, 1988; Sawyer, 2000), 창의성과 관련이 깊기(김세희, 현은자, 1995; 김현희, 박상희, 2000; 이연규, 1999; Isenberg, Jalongo, 2001) 때문에 그림책을 중심으로 한 예술교육이 강조되고 있는 실정이다.

최근에는 그림책을 활용하여 여러 예술 장르를 교육하려는 시도가 왕성하게 일어나고 있다. 이러한 시도는 특히 미술교육 분야에서 활발하다(김소연, 2000; 변윤희, 현은자, 2004; 오정옥, 2001; 최지희, 2003; Piro, 2002). 이는 무엇보다 창의성 발현에 민감한 영유아기에 영유아가 가장 친숙하게 접할 수 있는 최초의 예술작품인 그림책이 영유아의 상상력을 자극할 뿐만 아니라, 그림책 그 자체가 지닌 종합예술적 특성으로 인하여 미술 표현력과 그림읽기 능력 등에 긍정적 영향을 미친다는 것이다(김소연, 2000; 변윤희, 2004; 오정옥 2001; 최지희, 2003; 현은자, 강은진, 변윤희, 심향분, 2004; Kiefer, 1995; Piro, 2002).

그림책은 글과 그림의 두 요소가 서로 어우러져 새로운 의미체계를 형성하도록 한다. 이는 미술사적, 기호학적 그리고 문학적으로 해석과 분석을 요구하는데(임부연, 박향원, 2008), 무엇보다 미술적 특성과 요소인 점, 선, 색, 모양, 촉감과 결, 구도와 원근 등과 같은 예술적 요소의 분석이 활발하다. 이러한 그림책의 미술적 특성을 강문희, 이혜상(2008, pp. 176-267), 김현희 외(2008, pp. 128-132), 서정숙(2004, pp. 30-36)의 언급을 정리하여 설명하면 다음과 같다.

첫째, 점은 그림의 최소단위로, 점이 모여 선과 면과 입체로 발전한다. 뿐만 아니라 그림 안에서 나타나는 점은 강약의 느낌 혹은 집중과 강조 등의 의미를 갖거나 때로는 색깔의 변화를 주어 무게감과 같은 다양한 느낌을 전달한다. 문승연의

『쿵짝짝 소리나는 그림, 김환기』는 소리를 점으로 표현하여 독자로 하여금 읽는 것과 함께 소리를 생각해 낼 수 있도록 돕는다.

문승연 글 · 그림/ 천둥거인, 2007

이때의 점은 단순한 하나의 점이 아닌 소리를 나타내는 점이 된다. 반면 피터 레이놀즈의 『점』은 주인공을 부각시키고 또한 점을 찍어 그림을 그리기 시작한다는 것을 독자에게 이해시키는 점이다.

피터 레이놀즈 글 · 그림, 김지효 역,
문학동네 어린이, 2003

둘째, 선은 주인공과 사물의 특성을 나타내는 것으로 모양의 윤곽을 드러내어 독자로 하여금 정서적인 반응을 일으킨다. 즉, 직선과 곡선, 단정한 선과 산만한 선, 굵고 힘찬 선과 가늘고 약한 선, 선들의 움직임과 거리 등 그림책에 나타난

선의 형태는 등장인물의 성격과 심리, 극의 분위기와 이야기의 느낌과 흐름을 더욱 잘 표현한다. 앤 조나스의 『기묘한 왕복여행』(앤 조나스 글 · 그림, 이지현 역, 아이세움, 2003)은 흑백의 선들이 수직 혹은 수평, 사선으로 제시되어 도시와 농장, 밭 등의 이미지를 더욱 강조한다.

셋째, 그림책의 공간은 그림이 가득찬 공간이든 여백이든 모두가 독자로 하여금 의미를 지니게 한다. 빈 공간은 공허감, 외로움, 고립 등을 나타내고, 반대로 공간이 가득찬 경우는 혼란과 무질서 폐쇄 등을 나타내기도 한다. 이호백의 『도대체 그 동안 무슨 일이 일어났을까?』는 하얀 여백에 주인공인 토끼가 즐겁게 놀이하는 것을 더욱 강조한다. 하얀 종이에 펜을 사용하여 그린 듯한 그림은 토끼의 움직임을 느낄 수 있도록 한다. 또한 토끼는 놀이가 재미난 듯하지만 아무도 없는 집에서 혼자 놀이하는 토끼가 더욱 와닿는다.

이호백 글 · 그림, 재미마주, 2001

넷째, 모양은 그림책에서 이야기를 표현하는 가장 강한 요소이다. 그림책의 직사각형, 사각형, 삼각형 등은 딱딱한 느낌을 주고 원이나 곡선은 부드러운 느낌을 준다. 다양한 모양의 무늬와 크기, 부피감은 안정감과 우아함과 같은 정서적 반응을 일으킨다. 앙트아네트 포티스의 『이건 상자가 아니야』는 그림책 안의 하얀 바탕의 검은 테두리만으로 그려진 토끼가 직사각형의 모양을 가지고 다양한 그림을 만들어 낸다. 그림책의 화면에 그려진 사각형은 차갑고 딱딱한 느낌을 주지만, 반면 그런 사각형이 다른 모양을 만들었을 때 안정적이고 따뜻한 느낌을 갖도록 한다.

앙트아네트 포티스 글 · 그림, 김정희 역, 베틀북, 2007

다섯째, 색은 본문과 조화를 이루어 다양한 의미와 분위기를 구축한다. 한 가지 색 혹은 검은색과 흰색, 다양한 색의 사용은 그림책의 이야기와 색이 잘 조화되었는가가 무엇보다 중요하다. 그림책 안에서의 색은 등장인물의 개성과 이야기의 흐름 및 전환을 드러내 준다. 이러한 색의 사용은 등장인물의 감정 변화, 시간의 변화 등 그림책의 효과를 더하여 이야기를 이해하는 데 도움이 된다. 그러나 무엇보다 중요한 것은 색의 조화로, 그림의 색이 너무 강렬하거나 이야기를 압도하거나 혹은 너무 화려하거나 밋밋하도록 하지 않는 조화가 중요하다. 김동원 글, 곽영권 그림의 『사물놀이 이야기』는 등장인물의 특성을 다섯 가지 색깔로 나타내고 위기에 빠진 밝은 나라를 검은색으로 표현하여 전체적으로 어둡고 장중한 분위기를 느끼도록 했다.

김동원 글, 곽영권 그림, 사계절, 2001

김장성 글, 이승현 그림, 사계절, 2007

여섯째, 촉감과 결은 사물의 특성을 강조하고자 할 때, 이야기의 내용이나 주인공 혹은 분위기를 강조하고자 할 때 촉감과 결을 활용한다. 작가들은 연필, 콜라주, 나무껍질이나 깃털 등 다양한 질감을 활용하여 독자의 상상력과 시각적 경험을 자극한다.

김장성 글, 이승현 그림의 『씨름』은 우리의 전통놀이인 씨름을 고유의 소박하고 투박한 질감인 흙 또는 땅의 느낌을 배경으로 표현하여 독자의 시각적 경험을 살리고 상상력을 키우도록 돕는다.

일곱째, 구도와 원근법은 그림의 배열과 관계가 있다. 구도는 정서적인 면과 이야기의 흐름에도 영향을 주는 중요한 특성이다. 이것은 그림이 보여지는 각도와 분위기를 어떻게 드러나게 할 것인가를 염두에 두는 것으로 사물의 위치와 사건과 상황 및 배경을 바라보는 시각을 결정하도록 한다. 이러한 구도와 원근은 이야기를 바라보고 이해하는 데 뿐 아니라 이야기의 지루함을 피하게 도와주기도 한다.

팻 허친스 글 · 그림, 서남희 역, 국민서관, 2005

팻 허친스의 『점점 작게 점점 크게』는 동물들이 달리기를 함으로써 점점 멀리 뛰어가는 동물들의 모습이 원근에 대한 이해를 돕는다.

인간의 생애 주기 중 영유아기는 예술과 미학에 대한 감수성을 만들어 가기 위한 가장 중요한 시기이다. 그러므로 이 시기의 종합예술로서의 그림책은 무엇보다 유의미한 교수매체이다(임부연 외, 2008).

chapter 4

그림책과 놀이

▶▶ 1. 그림책과 놀이의 관계성 찾기

그림책의 궁극적 목적은 영유아에게 즐거움을 선사하는 것이며(서정숙 외, 2008), 자유롭게 시작하고 재미있어서 자꾸 하고 싶어하는 놀이의 성격과 일치된다(박찬옥, 정남미, 곽현주, 2008).

많은 학자들은 하나의 활동이 놀이라고 정의되기 위해서는 몇 가지 본질적 특성이 있어야 한다고 언급했다. 이러한 놀이의 특성에 대하여 박찬옥 외(2008)와 Fergus(1999)가 제시한 공통적 특성을 정리하면 다음과 같다.

첫째, 놀이는 내적 동기화(inner motivation)된다는 것이다. 즉, 유아 내부에서 놀이에 대한 자발적 동기가 생겨난다는 것이다.

둘째, 결과보다 과정 중심(process orientation)이다. 유아들은 놀이할 때 활동의 목적이나 결과보다는 놀이 자체에 중점을 둔다. 놀이는 유아에게 있어 그 자체가 목적이 되는 것으로, 놀이는 그것을 하는 자체가 완전히 만족을 주는 행위라는 것이다.

셋째, 놀이는 영유아의 적극적 참여(active engagement)를 이끈다. 영유아는 놀이에 참여시 방관적이거나 산만하지 않고 열의를 다하여 참여한다. 이는 놀이를 하고자 하는 호기심과 적극성을 보여주는 것이며, 영유아는 놀이의 진행 시 수동적이거나 무관심하기보다는 신체적으로나 심리적으로 몰입을 한다.

넷째, 놀이는 즐거워야 한다(pleasure)는 것이다. 이는 영유아는 놀이를 즐겨야 할 뿐 아니라, 놀이경험은 즐거운 것이어야 한다는 것이다. 그러므로 놀이가 즐겁지 않다면 그것은 더 이상 놀이가 아니다.

다섯째, 놀이는 긍정적 정서(positive emotion)를 이끈다. 놀이는 유아의 즐겁고 기쁜 마음을 유지시키는 것뿐 아니라, 두렵거나 불안하고 슬픈 기분도 긍정적 정서로 전환시키는 특성을 갖고 있다.

여섯째, 놀이는 외적 규칙으로부터 자유(free without external rules)롭다. 어떤 활동이든 나름의 규칙이 내재되어 있다. 이러한 놀이에서 외적 규칙으로부터의 자유란 정해진 규칙이나 외부 지시에 따르지 않고 영유아가 자발적으로 자기 나름의 방식으로 놀이한다는 것을 의미한다.

일곱째, 놀이는 자유로운 선택(free choice)이 가능하다. 즉 놀이의 참여자가 놀이를 자유롭게 선택할 수 있다는 것이다. 자유로운 선택은 유아놀이를 설명하는 중요한 요소 중의 하나로서, 영유아가 놀도록 강요된다면 주어진 활동을 결코 놀이로 생각하지 않을 것이다. 그러므로 영유아는 자유로운 선택에 의한 놀이를 할 때 놀이를 놀이로서 즐기고 또한 자신의 잠재력을 최대한 표출할 수 있다.

여덟째, 놀이는 유연성(flexibility)을 가진다. 놀이는 놀이 참여자의 호기심과 흥미에 따라 가장과 현실의 왜곡이라는 요소를 포함한다. 그러므로 영유아의 놀이에는 실험행동이 많이 포함되어 있어 놀이를 통하여 영유아는 다각도로 탐색하고 융통성 있는 사고를 하게 된다. 그러므로 놀이경험이 많은 영유아일수록 다양한 상황에서 호기심과 흥미를 보이며 융통적인 성향을 보인다.

이러한 놀이의 필수적 특성을 영유아의 그림책 보기가 모두 포함하고 있다는 점에서 놀이와 그림책의 공통적 특성을 논할 수 있다. 즉 앞서 제시한 놀이의 여덟가지 특성은 그림책 보기에도 모두 포함된다.

첫째, 내적 동기화를 이끄는 놀이와 마찬가지로 그림책 보기 역시 내적으로 동기화 된다. 영유아가 그림책 보기를 성인이 지시해서 하기보다는 스스로 그림책 보기를 즐기며 좋아하는 것을 자주 관찰할 수 있다. 영유아들의 경우, 그림책을 읽지 못해도 그림책을 만지고 탐색해 가며 스스로 보고자 한다.

둘째, 결과보다 과정을 중시하는 놀이와 마찬가지로 그림책 보기를 통하여 무언가 해야 한다는 목적을 염두에 두기보다는 그림책을 보고 이야기하며 그림책 보기 자체를 즐긴다는 것에서 그 공통점이 있다.

셋째, 놀이가 영유아의 적극적 참여를 이끄는 것과 같이 그림책 보기 역시도 영유아가 주도적으로 참여하며, 때론 성인이 읽어주는 그림책을 듣는 상황에서도 이야기에 흥미를 느끼고 이야기에 몰입하는 모습을 보인다.

넷째, 영유아는 놀이가 즐거워야 하는 것과 같이 그림책 보기 역시 충분히 즐긴다. 놀이를 즐기는 것이 긍정적 정서를 이끌어내듯이 그림책을 보는 영유아는 그림책 보기를 충분히 즐기며 그림책의 내용 안에서 정서적으로 위안을 받고 다양한 정서를 긍정적으로 표출해 낸다는 것이다.

다섯째, 놀이가 자유로운 선택이 가능하듯이, 그림책을 선택하는 것 역시 영유아의 자유로운 선택이 가능하다는 것이다. 즉 성인이 강요하는 그림책을 즐기는 것이 아닌, 영유아 자신이 좋아하고 흥미를 느끼는 그림책을 직접 선택하고 즐긴다. 이러한 선택은 그림책의 종류를 선택하는 것에 그치는 것이 아닌 그림책 보기의 유 · 무 역시도 선택의 권한이 영유아에게 있다. 영유아가 그림책을 선택하여 보는 것은 또한 자기 나름의 규칙을 가진다. 이는 놀이가 외적 규칙으로부터 자유롭듯이 그림책 보기 역시 그림책의 내용을 이해하기 위하여 내적으로 존재하는 규칙이 있으나, 그림책을 보는 영유아는 자발적으로 자기 나름의 방식으로 그림책을 이해한다.

여섯째, 놀이가 유연성을 가지고 있는 것처럼 그림책 보기 역시 유연성을 갖는다. 이는 그림책의 의미를 받아들이는 데 있어 그림책이 드러내는 의미뿐 아니라 중심 의미 이외의 다양한 의미를 영유아의 내적 성향과 영유아의 경험에 따라 충분히 다양하게 이해할 수 있는 융통성을 지닌다는 것을 알 수 있다.

이렇듯 놀이의 성격은 그림책 보기에도 적용이 가능하다. 그러므로 영유아에게 있어 그림책과 놀이는 중요한 의미이다.

그림책과 놀이의 유사성에 대하여 놀이가 자유롭고 자발적이며 재미를 위한 것처럼 그림책을 읽는 행위 역시 놀이와 동일한 성격을 갖는다. 또한 그림책 자체가 형식이 부과된 규범을 가지므로 그림책의 내용을 이해하는 것으로 놀이를 하는 것과 같다고 볼 수 있다(현은자 외, 2007, pp. 24-40).

영유아들은 천성적으로 놀이하기를 좋아한다. 이는 영유아가 놀이에 몰입하여 자유롭게 현실과 상상의 세계를 넘나들기도 하고 자신의 행동을 스스로 통제할 수 있는 힘을 갖게 되기 때문이다(박찬옥 외, 2008; Levy, 1978). 영유아의 그림책 보기 역시 현실과는 다른 공간을 넘나든다. 즉 그림책을 펴고 읽는다는 것은 작가와 독자 간의 새로운 공간으로의 이동을 약속하는 것이므로 그림책을 읽는 행위는 놀이의 성격과 유사하다. 이는 그림책의 의사소통방식이 놀이의 형식과 규칙을 따르는 것과 동일하며 독자로 하여금 놀이에 참여하고 있다는 생각을 하도록 한다(임부연 외, 2008; 현은자 외, 2007).

2. 그림책 안과 밖의 놀이 찾기

앞서 살펴본 바와 같이 그림책과 놀이의 특성이 동일한 것처럼 그림책과 놀이는 깊은 관련성이 있다. 이러한 관련성은 즉 그림책을 보고 느끼는 독자와 놀이하는 영유아가 동일한 특성을 갖는다는 것뿐 아니라, 그림책은 그 자체가 또한 놀이성을 갖는다는 점이다.

이는 두 가지의 측면에서 설명되어질 수 있다. 첫째는 그림책 자체가 하나의 놀잇감으로 영유아에게 받아들여진다는 것이다. 이는 그림책의 밖에서 놀이를 찾는 것으로 영유아가 그림책의 그림을 보고 글을 읽는 것을 통해 놀이를 하는 것이 아닌 그림책의 촉감과 재질 등을 충분히 즐기고 물리적 놀이를 하는 것으로 영아가 그림책을 하나의 놀잇감으로 받아들이고 놀이하는 것이다. 이는 그림책을 하나의 놀잇감으로 받아들이는 영아의 발달과 깊은 관련이 있다.

영아는 놀이하기 전에 탐색을 하고, 탐색은 어느새 놀이가 되며 놀이를 통해 세상을 탐색하기도 한다. 즉 영아는 친숙하지 않은 사물과 상황에서는 우선 탐색을 하고 점차 익숙해지고 편안해지면서 놀이를 하고 점차 주변을 지배하게 된다(Fergus, 1999; Rubin, Fein, &, Vandenberg, 1983). 마찬가지로 영유아에게 있어 그림책은 놀이 이전, 읽기 이전에 탐색의 대상이 된다. 즉 그림책이 지닌 글과 그림을 보기 이전에 영유아는 그림책을 탐색하고 그림책을 활용한 놀이를 하기 시작한다. 그림책을 빨고 만지고 넘기고 높이 쌓는 등 오감을 활용해 탐색한 후 다양한 놀이를 하기 시작한다. 그림책을 넘어 보고 높이 쌓아 보고 그 밑을 혹은 그 위를 지나는 놀이를 하는 유아들은 그림책을 즐겁고 흥미롭다고 느낀다.

이송은(2006)은 그의 연구에서 24개월 이전의 영아들은 책을 손으로 잡고, 쥐고, 만져보고, 세우거나 들고 다니는 등 사물로서의 외형적 특성에 주목하는 경향을 보이는 반면, 2세 직전의 영아들은 전 단계의 물고 빠는 행동 대신에 주로 손을 이용하여 책을 이용한 놀이와 탐색활동을 나타낸다고 언급하였다. 즉 2세 영아의 책보기는 외형적 특성에 의한 놀잇감으로 인식하는 경향이 있어 책읽기와 책으로 놀이하기는 확연하게 구분되는 것이 아닌 상호 영향을 주는 행위라는 것이다. 물론 어린 영아들 역시 그림책 보기를 충분히 즐긴다. 10개월의 영아들은 책을 단순히 가지고 놀기보다는 책 속에 있는 각각의 그림을 볼 수 있게 되고 12개월이 되면 책의 페이지를 넘기는 법도 알게 된다. 2세가 되면 의사소통이 보다 정교해지고 협력놀이가 희미하게 나타나 사회적 상호작용이 이루어지는 의미공유를 위한 그림책 보기가 가능해진다. 이는 까꿍 놀이, 몸동작 따라하기 등의 사회적 놀이와 같이 그림책 보기가 영아의 까꿍 놀이와 따라하기 등의 놀이가 이루어지도록 한다는 것이다(Brenner & Mueller, 1982; Fergus, 1999; Howes, 1988).

둘째는 그림책 안에 놀이가 포함된 것이다. 이는 그림책 안에 놀이성이 포함된 것으로 그림책을 보고 읽는 독자가 그림책을 보며 그 안에서 주인공이 되어 함께 놀이하는 것이다. 즉 그림책에는 다양한 놀이가 포함되어 있다는 것으로 유아는 그림책을 읽으며 주인공과 함께 숨바꼭질 놀이를 하거나 혹은 숨은 그림을 찾는 등 즐거운 게임을 한다(임부연 외, 2008). 이러한 의미에서 그림책이 독자의 놀이를 이끈다는 것에 대해 현은자 외(2007. pp. 24-40)는 다음과 같이 그림책 속 놀이를 아홉 가지로 제시하였다.

① 무궁화 꽃이 피었습니다.

유아의 그림책 안에는 '무궁화 꽃이 피었습니다'와 같은 놀이성을 가진 놀이가 존재한다. 이는 놀이 술래가 '무궁화 꽃이 피었습니다'라는 말을 하는 사이 놀이에 참여한 유아들이 여러 대열을 다양하게 갖추고 술래가 유아들을 쳐다보면 유아들이 멈춰서는 것과 같이, 그림책을 보는 유아들도 그림책의 주인공과 한편이 되어 그림책 안에서 '무궁화 꽃이 피었습니다'와 같은 놀이를 한다. 즉 그림책의 주인공이 다른 대상과 상황 즉 술래 격인 대상을 피해 다양한 형태의 놀이를 하고, 다른 대상이 돌아오면 주인공은 행동을 멈춘다. 이 때 주인공이 놀이의 전말을 들키지 않을 때 독자인 유아와 주인공은 한숨을 돌리게 된다.

② 흉내 내기

영유아의 놀이에 흉내 내기가 존재하듯 그림책을 그리는 작가들 역시 다른 미술가들의 화풍을 따라하는 흉내 내기가 존재한다는 것이다.

③ 그림자놀이

그림자놀이는 오랜 전부터 전 세계적으로 이루어져 왔던 놀이이다. 때문에 영유아들의 실제 유아교육 현장에서도 빛과 그림자를 활용한 그림자놀이가 이루어지고 있으며, 성인들 역시 그림자를 만들어 벽에 손가락을 활용한 동물 만들기를 하는 것을 흔히 볼 수 있다. 때문에 이러한 그림자놀이는 실루엣 그림으로 표현되어 다양한 그림책이 만들어져 왔다고 볼 수 있다.

④ 까꿍 놀이

영아들이 즐겨하는 까꿍 놀이는 성인이 손이나 혹은 사물로 얼굴을 가렸다 '까꿍' 이라는 소리와 함께 나타나면 아이들이 즐거워하는 놀이이다. 영아들은 이러한 형태의 반복을 즐기며, 까꿍 놀이는 영아를 위한 그림책에는 자주 등장하는 소재이다.

⑤ 물구나무 서기

물구나무 서기는 바로 보는 세상을 거꾸로 바라보아 새롭게 혹은 낯설게 바라보는 놀이이다. 이는 다양한 사물들을 바라보는 방향에 따라 얼마든지 달리 보고 이해할 수 있다는 것을 나타낸다. 그림책에서도 이러한 물구나무 서기 놀이를 반영하여 그림으로 그려내고 영유아들에게 새로운 기쁨을 제시한다.

⑥ 숨은 그림 찾기

숨은 그림 찾기는 책의 그림을 자세히 바라보고 즐기는 영유아들에게 즐거운 경험이다. 하나의 그림 아래 또 다른 숨겨진 사물을 찾는 것은 그림책의 내용을 이해하는 것만큼이나 즐거운 경험이 된다. 영유아들은 평범한 그림을 새롭게 보고자 노력하고 그것은 창의성과 상상력을 키우는 데 도움이 된다.

⑦ 끝말잇기 놀이

아이들은 성인에 의해 끝말잇기 놀이를 배우게 된다. 앞의 말을 받아 또 다른 언어가 창조되며 그것을 통해 리듬감과 함께 새로운 즐거움으로 나타나는 과정을 경험하게 된다. 그림책에서도 이러한 즐거운 놀이구조가 사용된다. 전혀 다른 배경과 인물이 얼핏 보면 관련이 없는 것 같아도 결국 끝말잇기처럼 연관되어 가는 것을 독자인 영유아는 따라가며 즐긴다.

⑧ 수수께끼 놀이

수수께기 놀이는 영유아들이 가장 즐기는 놀이 중 하나이다. 다른 사람의 이야기와 설명을 잘 듣고 그에 맞다고 생각되는 것을 말해보고 맞추었을 때 즐거워하는 수수께끼는 성인이 되어서도 이어지는 놀이이다. 놀이 참여자들은 이 놀이에서 사물을 바로 제시했을 때보다 맞추었을 때의 기쁨이 더 크다는 것을 안다. 이러한 수수께끼 놀이와 같은 놀이성을 포함한 그림책은 일반적으로 글자 책이다. 이는 독자가 작가의 제안에 따라 맞는 사물을 맞추는 것이다.

⑨ 숨바꼭질

술래가 눈을 감거나 돌아 서 있는 사이 다른 사람들은 다양한 공간에 숨고 시간이 지나면 술래가 놀이 참가자들을 찾아내는 숨바꼭질이 그림책의 내용에도 포함되어있다. 즉 그림책에서도 독자는 그림책의 전개과정에서 등장인물들을 찾아가는 것을 즐거워한다.

chapter 5

그림책과 놀이하는 영유아

그림책과 영유아의 관계를 연구해 온 학자들은 다양한 측면에서 긍정적 결과를 제시해 왔다. 즉 그림책은 영유아 발달의 제 영역에 긍정적 영향을 미칠 뿐 아니라, 인간의 기본적 욕구를 충족시켜 준다는 것이다. 그림책의 내용이 일상적 생활을 포함하여 영유아의 생리적 욕구를 충족시켜 주기도 하고, 환경과 경제, 가족 간의 사랑과 우애에 관련된 내용인 경우 평온과 안락을 주는 등 집단 활동에서의 사랑과 신뢰 및 따뜻한 관계 형성을 돕기도 한다. 뿐만 아니라, 자신과 타인 존중, 자신이 처한 환경 안에서 생활과 상황에 대한 적응 및 주변을 탐색하고 이해하기 위한 내용 등 다양한 내용이 포함되어 있다.

그러므로 그림책 보기를 통해 영유아들은 인간의 기본욕구인 생리적 욕구, 안전의 욕구, 사랑하고 사랑받고 싶은 욕구와 소속의 욕구, 자아존중과 성취의 욕구, 변화의 욕구, 탐구와 이해의 욕구, 심미와 질서에 대한 욕구 등 기본적 욕구를 충족시킬 수 있다(김현희 외, 2008).

이렇게 인간의 기본 욕구를 포함하고 있는 그림책은 그 내용을 어떠한 형식으로 영유아에게 전달하느냐 또한 중요하다. 따라서 그림책이 단순히 영유아의 기본적 욕구를 전달하는 매체라는 그림책의 교육적 효과에 대한 것만큼이나 그 전달 방법도 중요하다. 즉 그림책은 종합예술이며, 영유아에게 있어서는 물리적 놀잇감인 동시에 내용적 놀잇감이다. 이러한 물리적, 내용적 놀잇감인 그림책을 보는 영유아에 대해 더 자세히 알아 볼 필요가 있다.

1. 그림책과 놀이하는 영아

그림책은 그림을 통해 독자에게 다양한 맥락을 제공하기 때문에 영아를 위한 그림책은 글과 그림의 비중이 같거나 글보다 그림의 비중이 훨씬 높은 책이다(현은자, 2000). 그렇다면 영아에게 있어 그림책은 어떠한 의미를 가질까? 영아에게 있어 그림책의 의미를 질적으로 탐색한 이송은(2006)은 2세 영아의 그림책 탐색을 네 가지 범주로 이해한다고 언급하였다.

첫째, 2세 전후의 영아는 그림책을 외형적 사물로서 감각적 대상으로 인식한다. 즉 2세 전후의 영아들은 그림책을 손으로 만지고 보고 조작하면서 탐색하고 이해하는 모습을 보였다. 때문에 2세 무렵의 그림책 읽기와 그림책으로 놀기는 확연하게 구분되는 것이 아닌 상호 영향을 주는 행동이라고 볼 수 있다.

둘째, 경험적 지식의 탐구이다. 2세 전후 무렵의 영아들은 혼자 힘으로 걷고 달리고 먹고 물건을 조작하고 옮기는 등 전보다 원활한 운동성을 획득함에 따라 세상에 대한 지적 호기심도 점차 상승하여 주변 사물에 대해 능동적인 탐색을 해나간다. 이때 지적 호기심을 갖고 지식을 탐구해 가는 2세 영아에게 그림책은 선행경험 및 친숙성에 의거한 지식 탐구가 가능하도록 하는 대상으로서의 의미를 지닌다.

셋째, 영아에게 있어 그림책은 관계 형성의 매체이다. 글자를 읽지 못하고 그림이라는 상징에 익숙하지 않은 영아의 책읽기는 보통 부모나 양육자의 중재를 전제로 한다. 따라서 책을 매개로 한 관계는 여러 가지 갈래의 만남을 형성한다. 즉 영아의 그림책 안에는 책을 읽어주는 부모, 교사, 가족 및 또래와의 관계가 포함될

뿐만 아니라 한 사람의 독자로서 성장해 가는 자신에 대한 인식도 포함된다. 때문에 영아의 그림책은 애정과 관심, 신뢰와 애착 형성을 도와 사회적 관계 형성을 해 나가도록 돕는다.

넷째, 그림책은 문어 세계의 인식을 돕는다. 영아들은 그림책을 읽을 때, 적극적으로 책을 읽으려는 시도를 함으로써 관습적 책 읽기의 세계로 입문하는 데 의미가 있다.

영아는 나름의 방식으로 그림책을 이해한다. 때문에 영아기부터 그림책을 보다 긍정적이고 가깝게 느낄 수 있도록 도와야 한다는 주장이 영국의 '북 스타트 프로그램' 에서 강조되고 있다. '북 스타트 프로그램' 에서는 어린 영아기부터 독서경험을 하는 것이 중요하며 부모와 함께 보는 그림책은 부모와 영아의 긍정적 관계형성을 돕는다고 주장한다. 때문에 북 스타트는 책을 읽는 영아의 즐거움에 관한 것이며 태어나는 모든 영아들은 어린 시기부터 부모들과 책을 나누고 경험하는 즐거움을 누릴 기회를 가져야 하므로 가능한 한 어려서부터 책의 혜택을 받을 수 있어야 한다는 원칙에 기초를 두고 있다.

영아기는 책을 경험하고 이야기를 들으며 그림을 보며, 책장을 넘기는 법을 배우기 시작하는 시기로 본다. 영아기의 그림책은 인간 체험의 교류를 경험하게 하는 것으로, 그림책은 영아의 발달에 긍정적 영향(김세희, 2000; 김현희 외, 1999; 이경우, 1997; Cullinan & Galda, 1998)을 미칠 뿐 아니라, 영아의 놀이를 이끈다. 그러므로 그림책과의 놀이는 영아의 제반발달을 돕는다.

(1) 신체발달을 돕는 그림책과 놀이하기

영아의 그림책 보기는 신체발달과 움직임을 돕는다. 영아를 위한 그림책은 빳빳하고 두꺼운 종이로 제작되어 영아가 넘기기 쉽고 또한 책을 깨물거나 빨아도 괜 찮도록 만들어지고 혹은 세탁이 가능한 헝겊과 같이 다양한 재질로 만들어지기도 한다. 이 시기 영아는 그들의 감각과 운동 기술을 활용하여 자신의 신체를 탐색하는 가운데 자신과 타인을 구별하며, 점차 장난감을 포함한 다양한 사물에 대해 숙달되기 시작한다(Fergus, 1999). 때문에 영아는 다양한 재질의 그림책을 만지고 쓰러뜨리고 넘기는 등 그림책을 활용한 놀이를 통해 신체발달과 움직임이 발달된다.

(2) 일상생활의 적응을 돕는 그림책과 놀이하기

그림책은 영아의 새로운 경험과 이해를 도와 세상에 대한 지식을 길러준다. 그림책 안의 일상생활에 관한 친근하고 사실적 내용, 단순한 줄거리는 영아의 일상적 경험을 도우며 그림책이 가지는 물리적 놀이성은 영아로 하여금 일상생활의 적응뿐 아니라 다양한 문제해결능력을 형성하도록 돕는다. 이는 영아가 놀이를 하는 동안에 일어난 학습이 현실에서의 문제해결에 긍정적 영향을 준다고 볼 수 있다(Bruner, 1972; Fergus, 1999)

(3) 정서발달과 상상력을 돕는 그림책과 놀이하기

영아는 놀이처럼 즐길 수 있는 그림책을 통해 정서 인식과 정서 표현 능력, 상상력을 기르며, 큰 즐거움을 느낀다. 영아기의 그림책 보기는 책 읽어주는 사람과 영아 사이의 특별한 관계 형성의 기회를 제공한다. 즉 이 시기의 그림책 보기는 성인과 영아가 함께 즐거움을 나누는 관계로서 많은 사람들이 자기를 사랑해주고 있다는 것을 알게 됨으로써 영아가 갖게 되는 안전감과 신뢰감을 형성하도록 돕는다. 이런 관계 형성은 영아들의 안전한 인생 출발을 가능하게 한다.

(4) 언어발달을 돕는 그림책과 놀이하기

그림책은 영아로 하여금 모국어 이해와 창의적 표현력 향상을 돕는다. 특히 영아기의 그림책 읽기는 성인이 읽어주는 소리를 듣고, 그림을 보며 내용을 이해하게 되므로 듣는 책인 동시에 그림을 보고, 함께 놀이하는 책이다. 때문에 영아와 함께 보는 그림책은 끊임없이 무언가를 말해 주어야 하는 일이기 때문에 조용한 독서행위가 아닌 다양한 말놀이를 이끄는 책이다.

성인은 그림에 대해 말해주고, '그래서 어찌 되었을까요?' 라며 다음 일을 궁금해 하며 묻는다. 영아는 언어를 배우기 전부터 자신을 향해 질문을 하는 성인이 책을 읽어주는 것을 듣고 함께 놀이하는 과정에서 언어를 발달시킨다. 영아기 그림책과의 놀이는 성인이 들려주는 언어의 반복을 통한 운율과 리듬감이 영아에게 즐거운 반복놀이가 되므로 언어에 대한 긍정적 인식을 돕는다 하겠다.

영아에게 그림책은 세상을 보여주는 창인 동시에 이해해야 하는 대상(이송은, 2006)이기도 하며 그 자체만으로도 높은 심미적 가치를 가지는 것 역시 부인할 수 없다.

▶▶ 2. 그림책과 놀이하는 유아

그림책이 유아의 발달에 긍정적인 영향을 미친다는 것은 그림책에 관한 수많은 연구(변윤희, 2004; 서정원, 김정원, 남규, 2006; 이경우, 2003)에서 잘 나타나 있다. 특히 유아교육 현장에서는 언어능력, 상상력, 창의력, 사회성, 도덕성, 문제해결 능력 등 교육목적이 되는 별도의 내용이나 발달을 위한 자료로 주로 활용되어 왔다(김소양, 이경화, 채종옥, 2001). 이는 그림책이 유아문학의 대표적인 장르이며, 글과 그림 또는 그림언어로 이루어진 그림책은 유아의 내면세계, 생활과 삶을 표현하여 유아에게 즐거움을 선사하고 그 과정에서 유아의 정신적 성장에 기여하기 때문이다.

즉 유아들은 그림책 속의 타인의 삶에 대한 이해와 그림책을 읽어주는 성인과의 정서적 일치감과 유대감, 안정감을 통해 사회적 관계의 기초를 형성한다. 나아가 예술적 감흥의 경험과 함께 문장과 글의 의미, 이야기의 맥락에 대한 이해와 듣는

태도를 기른다. 뿐만 아니라, 그림책의 간접 경험은 유아의 상상력과 창의력을 길러줌으로써 감정 이입능력이나 문제해결능력을 길러주는 등 유아가 갖고 있는 여러 가지 욕구를 충족시켜준다(김세희, 2000; 김현희, 박상희, 1999; 서정원 외, 2006; 이상금, 장영희, 2001; 임영심, 고문숙, 1999; 장혜순, 1997; Cullinan & Galda, 2002; Sutherland, 1997; Sutherland & Arbuthnot, 1991).

(1) 정서 및 사회성 발달을 돕는 그림책과의 놀이하기

정서능력이란 다양한 정서 경험과 정서가 개입된 사회적 교류에 성공적으로 대처하는 능력으로서 자신의 정서를 이해하고 표현하며, 조절하는 등 정서에 반응하는 능력이라고 정의한다(오영희, 우수경, 전호숙, 2004; Saarni, 1990, 1999). 그림책은 유아에게 그림책의 주인공과 정서적 경험을 함께 하도록 하여, 유아에게 아름다움과 슬픔, 놀람, 기쁨 등과 같은 다양하고 풍부한 정서를 전달하며 호기심, 탐구심, 경이감을 갖게 한다. 또한 성인과 유아는 그림책을 함께 읽으며 정서적인 일치감과 안정감을 얻게 되며 이러한 상호관계에서 생기게 되는 따뜻함은 유아들의 정서적 평온함을 뒷받침하여 자신감을 형성하도록 도와준다(김은영, 2001; 임영숙, 2001; Bromley, 1991).

그림책은 그중에서도 유아들의 사회, 정서발달과 관련하여 중요한 역할을 하며 이 시기의 유아는 친구관계를 점점 중요하게 생각하게 되고 다른 사람에 대한 감정이입이 발달하면서 이타적인 행동이 가능한 시기이다. 따라서 그림책을 통해 적절한 친구관계 형성 과정에 대한 간접적인 경험을 하게 되는 것은 유아들로 하여금 갈등상황에서 그 갈등을 해결하기 위한 타인에 대한 감정이입과 이타행동과 같은 사회적 조망능력의 발달을 효과적으로 일어나게 하는 데 도움을 준다.

즉 그림책에는 가족관계와 가족형태, 유아의 마음 등 다양한 사회적 관계와 정서 표현이 포함되어 있으므로 그림책의 내용을 통해 제공되어지는 간접적인 경험은 유아로 하여금 그림책 속의 사건과 상황을 중심으로 보다 쉽게 일상생활에서 직접 표출되지 않는 사람들의 내적 느낌의 경험이 가능하게 한다(김세희, 2006; 김현희 외, 2003; 유수경, 정명숙, 송주연, 2008; 이춘희, 2005).

그림책은 유아의 정서적 안정감을 바탕으로 궁극적으로는 긍정적인 사회적 관계형성이 이루어지도록 돕는다. 유아기는 사회관계 형성을 위한 첫발을 내딛는 중요한 시기이다. 따라서 그림책은 유아들로 하여금 간접적인 경험이라 할지라도 갈등의 상황에서 효과적인 대응능력을 길러주게 하는 데 중요한 길잡이가 된다(유수경 외, 2008).

때문에 그림책을 통한 놀이는 단순히 신체 및 사물의 숙달을 넘어서서 사회적 상호작용의 숙달로 옮겨 간다. 또래들과 놀이하고 상상과 현실을 또래와 공유하는 것, 사회적 상황에서 기술을 과시하는 것 등은 모두 놀이의 요소이다(Fergus, 1999). 이는 유아가 극놀이에 흥미를 갖고 극놀이나 역할놀이, 게임 등과 같이 놀이를 성공적으로 하려면 협동해야 한다는 것을 그림책에 포함된 내용을 통해 아는 것뿐 아니라 그림책에서 찾아낸 놀이를 실제 세계에 적용해 보는 놀이과정을 통해서도 이해하게 된다.

(2) 상상력 발달을 돕는 그림책과 놀이하기

유아기와 그림책 그리고 놀이는 상상력이라는 공통분모를 가지며 이러한 공통분모는 유아가 그림책과 놀이를 즐기는 이유가 된다(변윤희, 2004). 또한 그림책 속에 담겨있는 소리와 예술적으로 꾸며진 단어와 그림을 통해 유아의 직·간접 체험이 이루어지고 유아 자신의 경험을 극대화시키도록 도와 상상력을 풍부하게 해준다.

이는 유아기의 놀이의 특성과도 일치하는 것으로 유아기의 상상놀이는 비현실적인 주제를 상상하여 놀이하도록 돕는다. 이러한 그림책과 놀이는 독자로 하여금 자신의 현실과 다른 시공간 속에서 다양한 상상의 나래를 펼칠 수 있도록 함으로써 창의력 형성과 사회적 배려와 돌봄, 정서의 안정을 가져 온다. 특히 유아기의 그림책을 통한 놀이는 그림책의 내용을 실제 놀이상황에 차용하는 모습을 자주 관찰할 수 있다. 이는 그림책에 나타나는 성을 블록 영역에서 다양한 형태의 블록을 상상력을 가지고 활용하여 좀 더 다양하게 만들게 된다. 이는 기본적으로 영유아의 놀이가 자발적이고 자유로워서 상상력을 기본으로 하기 때문이다.

(3) 언어발달을 돕는 그림책과 놀이하기

유아기는 언어발달이 급격히 이루어지는 시기이다. 이 시기에 그림책 보기는 감성과 정서를 잘 표현해 유아가 쉽게 동일시하고 공감할 수 있도록 한다. 이는 그림책은 유아의 흥미를 불러일으키는 언어의 사용과 단어의 선택, 문장의 구성으로 이루어져 있어 의성어 의태어를 통한 우리말의 아름다움이나 리듬감을 느낄 수 있게 되기 때문이다.

또한 유아를 위한 그림책은 이해하기 쉬운 단어 사용으로 어휘력을 확장시켜 시각적 즐거움뿐 아니라 청각적 즐거움도 동시에 제공한다(김현희 외, 2008). 때문에 그림책을 보는 유아는 그림책 내에 존재하는 놀이를 통하여 보다 즐겁고 흥미롭게 언어를 습득함과 동시에 또래와의 놀이 시에 이루어지는 의사소통으로 언어발달을 돕게 한다.

(4) 창의성 발달을 돕는 그림책과 놀이하기

창의성 발현에 민감한 시기인 유아기에 유아가 가장 친숙하게 자주 접하는 최초의 예술작품은 그림책이다. 그림책은 글과 그림의 텍스트가 독특하게 배치되어 다양한 상황과 의미를 제시함으로써 유아의 창의력이 발현되도록 돕는다(변윤희, 현은자, 2004; 현은자 외, 2004). 이는 그림책 속에 미술과 문학, 음악과 미술, 무용과 미술 등의 다양한 예술형태가 통합되어 있어 그림책 읽기의 경험이 창의적 사고와 문제해결 수행능력 증진에 효과적이기 때문이다(김세희, 현은자, 1995; 김수향, 정대련, 2004; 김현희, 박상희, 2000; Cho & Kim, 1999; Isenberg & Jalongo, 2001; Kiefer, 1995; Nodelman, 1988; Sawyer, 2000).

그림책이 제시하는 세계는 누구나 겪는 원초적인 희노애락을 다루므로 다양한 상황에서 타인이 느끼는 감정과 문제해결 과정을 경험하게 되면서 더불어 사는 다른 사람들에 대한 이해를 돕기 때문이다. 뿐만 아니라 그림책 내에 존재하는 다양한 놀이형태는 유아에게 타인과의 놀이 시 발생하는 문제를 창의적으로 해결해 나갈 수 있도록 돕는다.

(5) 예술성 및 심미감 발달을 돕는 그림책과 놀이하기

그림책은 그 자체가 종합 예술적 특징을 지닌다. 즉 그림책의 글 작가는 글의 배치를 통하여 리듬감을 형성하고, 상세한 행동 묘사를 통하여 움직임을 표현한다. 반면 그림책의 그림 작가는 색, 패턴, 형, 공간, 선 등을 통하여 움직임과 리듬감을 창조해 낸다(Giorgis & Jhonson, 2001; Kiefer, 1995). 이렇듯 그림책에는 글과 그림만이 단순히 제시되어 있다 하더라도 움직임과 리듬감이 표현되어 있으므로 유아는 그림책에서 자신이 보고 느낀 움직임과 리듬감을 놀이 시 자연스럽게 신체나 음악으로 재구성하여 표출해 낸다(변윤희, 현은자, 2004).

요컨대, 그림책은 유아들의 문화를 담고 있으며 그들이 성장하며 경험하는 다양한 제반 문제를 가까이에서 볼 수 있는 통로가 되기 때문에 공감과 이해, 지식과 사회 정서적인 심미감을 형성하도록 도울 수 있는 매체가 된다. 또한 자연스러운 경험을 통한 지식의 형성이라는 데 무엇보다 그 의의가 있다(신혜선, 2006). 즉 유아는 그림책과의 놀이를 통해 인간의 동기나 다양한 대인관계의 유형을 접할 수 있으며, 새로운 문제해결 전략을 얻을 수 있을 뿐 아니라 자신과 유사하거나 혹은 다른 다양한 문화적 체험을 한다(Jalongo, 1990).

chapter 6

영유아를 위한 그림책과 놀이하기

그림책과의 놀이는 그림책이란 매체의 안과 밖에 수많은 놀이성이 내재되어 있기 때문에 영유아에게 즐거운 놀이를 이끌어 낸다. 이는 그림책을 물리적인 놀잇감으로 받아들이고 놀이할 수도 있으며 혹은 그림책을 펴는 순간에 그림책의 내용에는 수많은 놀이들이 포함되어 있기 때문이기도 하다.

즉 영유아는 그림책의 물리성과 내용에 포함된 수많은 놀이를 인식하고 즐길 수 있다는 것이다. 때문에 영유아와 함께 그림책을 보는 성인은 영유아가 그림책을 보는 순간에 조금 더 즐겁게 느끼도록 도울 뿐 아니라, 현실세계로 놀이를 이끌어 내도록 돕는다.

앞서 많은 학자들이 그림책이란 매체가 종합예술이고 그 자체를 즐기는 것이 중요하다고 언급하였듯이, 그림책이 가지는 심미적이고 예술적 성향을 살리되, 그것을 이해하고 영유아 나름의 방법으로 받아들이도록 돕는 것 또한 부모 혹은 교사의 몫이라 하겠다.

그림책을 보는 영유아들은 즐겁다. 또한 놀이하는 영유아들 역시 즐겁다. 그러므로 그림책을 보고 놀이하는 것은 영유아들에게 있어 너무나 자연스럽다. 때문에 자연스러운 활동을 이끌 수 있기 위해서 영유아들의 연령과 발달에 적합한 그림책의 선정과 그림책이 가지고 있는 다양한 놀이를 부모 및 교사가 이해하고 제시하는 것이 무엇보다 중요하다.

본 장에서는 영유아의 놀이가 가능한 그림책을 소개하고 주도적으로 그림책을 보며 놀이할 수 있도록 돕고자 한다. 영유아를 위한 그림책과 놀이는 '그림책과 친구되기' 와 '그림책과 놀이하기', '책 만들기 놀이' 의 세 부분으로 구성되었다.

첫째, '그림책과 친구되기' 는 말 그대로 그림책과 친구가 되기 위하여 그림책을 물리적으로 가지고 놀이하거나 그림책을 펼쳤을 때 그림책이 포함하고 있는 쉽고 재미난 놀이를 하는 것이다. 이 부분에서는 그림책을 친근하고 흥미로우며 즐겁게 느낄 수 있도록 하는 영아를 위한 다양한 놀이를 제시하였다. '그림책과 친구되기' 는 영아들이 그림책과 친근한 느낌을 가질 수 있도록 하여 미래의 독자를 키우기 위한 것도 그 목적이 되지만 단순히 영아들만을 위한 그림책의 놀이가 아닌 유아들 역시도 그림책을 가지고 즐겁게 놀이할 수 있다면 충분히 가능한 놀이들을 제시해 두었다.

둘째, '그림책과 놀이하기' 는 그림책의 물리적 측면보다는 그림책을 펼쳤을 때, 그림책 안에 내용적으로 포함된 다양한 놀이를 찾고 주인공과 함께 즐길 수 있을 뿐 아니라 유아의 현실에서 놀이가 이루어지도록 한다. 때문에 유아들은 그림책 안에서 주인공과 다양한 놀이를 하며 그것이 현재의 삶에서 또래 혹은 성인과의 놀이로 연결되어질 수 있는 다양한 놀이를 포함한 그림책을 소개하였다.

셋째, '책 만들기 놀이' 는 다양한 내용과 형태의 책을 유아들이 즐겁게 만들어 보는 활동을 소개하였다. 유아들에게 있어 만들기는 하나의 즐거운 놀이이다. 특히 책을 보고 직접 만들어 보는 활동은 유아들로 하여금 책을 읽는 독자에서 만드는 또 하나의 동참자가 되도록 함으로써 이제까지 경험해 보지 못한 새로운 즐거움을 느끼게 할 수 있다. 본 서의 '그림책 만들기 놀이' 에서는 그림책의 내용을 충분히 활용한 다양한 그림책 만들기를 소개하였다.

1. 그림책과 친구되기

영아기는 손과 입으로 사물을 탐색하는 시기이므로 붙잡고 서기, 걷기와 같은 대근육 운동놀이를 좋아한다. 뿐만 아니라 본능적으로 오감을 자극하는 놀이를 좋아하므로 다양한 재질의 촉감을 가지고 있거나, 쥐거나 건드렸을 때 소리가 나거나 움직이는 것을 좋아한다(박찬옥 외, 2008).

때문에 영아들은 성인과 함께 그림책을 보는 경우, 함께 반응해 주고 놀아 줄 수 있는 그림책이 적합하며 영아의 놀이인 까꿍놀이, 잼잼잼, 곤지곤지, 도리도리 짝짜꿍 놀이 등이 포함된 그림책이 더욱 친근하고 즐거운 놀이를 이끈다.

'그림책과 친구되기'는 9가지의 놀이로 구성되어 있으며, 활동의 구성은 그림책의 물리성을 포함한 놀이와 그림책의 내용에 영아의 놀이가 포함되어 영아로 하여금 놀이를 할 수 있도록 하는 활동들을 제시하였다.

(1) 도리도리 짝짜꿍

'도리도리 짝짜꿍'은 영아들이라면 누구나 하는 놀이이다. 영아가 '짝짜꿍, 짝짜꿍', '도리도리'를 노래처럼 불러주는 성인과 함께 손을 쥐고 머리를 흔드는 즐거운 놀이이다. 영아는 신체를 활용한 운동놀이를 즐기므로 『도리도리 짝짜꿍』은 영아의 놀이를 더욱 즐겁게 해준다. 그림책 안의 열 마리 동물들과 함께 하는 짝짜꿍놀이는 영아를 즐거운 놀이의 세계로 이끈다.

이상교 글, 최숙희 그림,
사파리, 2008

(2) 까꿍놀이

'까꿍놀이'는 아기들을 즐겁게 웃게 하는 놀이이다. '까꿍' 하는 소리와 함께 등장하는 사람과 사물에 영아들은 아무리 반복적이어도 즐겁게 웃음을 터트린다. 때문에 영아에게 있어 '까꿍놀이'는 그 어떤 놀이보다 즐거운 놀이세계로 이끈다. 『뭐하니?』는 이러한 영아의 놀이를 그림책 안에 충분히 포함하고 있다. 책을 펼쳤을 때 뒤돌아 앉아 있는 동물들은 그림책을 보는 영아로 하여금 궁금증을 가지게 하여 다음 책장을 넘겼을 때 나타나는 동물들의 모습은 까꿍놀이를 하는 듯 하다. 영아는 자기도 모르는 사이에 즐거운 '까꿍놀이'를 한다.

유문조 글, 최민오 그림,
천둥거인, 2005

(3) 숨은 그림 찾기

숨은 그림 찾기는 영유아들부터 성인까지 즐기는 놀이이다. 하나의 그림 안에 숨겨진 그림을 찾는 것은 그림을 보는 사람으로 하여금 주의를 집중시키고 찾아냈을 때의 즐거움 역시 크다. 이러한 숨은 그림 찾기를 『아기 오리는 어디로 갔을까요?』는 가지고 있다. 아기 오리 한 마리가 없어지고 엄마 오리가 아기 오리를 찾아 나선다. 엄마 오리가 아기 오리를 찾는 중간 중간 아기 오리의 뒷모습이 그림 속에 보인다. 영유아는 숨겨진 아기 오리를 찾아내며 아기 오리가 엄마 오리 근처에 있음을 이야기해 주고 싶어 한다. 이렇듯 숨은 그림 찾기는 섬세한 관찰력과 집중력을 키울 수 있는 놀이이다.

냰시 태퍼리 글 · 그림,
박상희 역, 비룡소, 1999

(4) 부분 보고 전체 맞추기

부분을 보고 전체 맞추기는 독자로 하여금 퀴즈의 세계로 이끈다. 하나의 부분이 다음에 어떠한 전체 그림이 되는가를 기대하게 하고 맞추었을 때 기쁨과 즐거움을 느끼게 한다. 『무늬가 살아나요』는 하나의 무늬가 또 다른 무늬를 불러오고, 하나의 의미지가 새로운 이미지를 만들어 내는 것으로 무늬를 보고 연상되는 연상놀이를 이끄는 그림책이다. 영유아가 하나의 무늬와 같은 부분을 보고 전체 혹은 또 다른 것을 연상해 갈 수 있도록 하는 능력을 키워 주는 놀이 그림책이다.

유문조 글, 안윤모 그림,
천둥거인, 2002

(5) 두드리기

영유아는 다양한 물건을 두드리고 흔들며 신체를 활용한 놀이를 한다. 이런 놀이는 그림책의 다양한 크기와 형태로 인해 다양한 소리를 만들어낼 수 있어 즐거울 뿐 아니라, 현실 세계에서도 여러가지 소리를 내보는 두드리기는 아이들에게 즐거운 놀이가 된다. 『두드려 보아요』는 책을 펼쳤을 때, 나타나는 문을 '똑똑' 소리 내어 두드려 보고 문 안에 있는 것이 무엇일지 생각해 볼 수 있다. 책을 펴는 순간 영유아는 책 속의 주인공이 되어 놀이를 즐기게 된다.

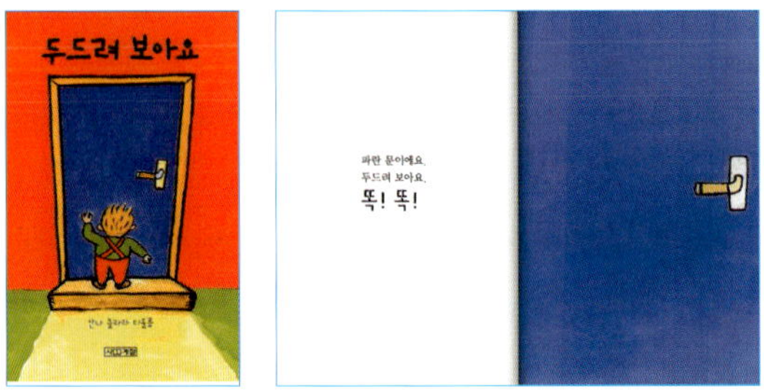

안나 클라라 티톨름 글 · 그림,
사계절, 2007

(6) 숨바꼭질

'숨바꼭질'은 영유아기에 즐기는 놀이이다. 아이들은 누구나 숨바꼭질을 좋아한다. 자신이 눈을 감으면 숨었다고 생각하는 영아, 다양한 공간에 자신을 숨기는 유아, 모두 숨바꼭질을 즐긴다. '숨바꼭질'은 놀이 참여자로 하여금 다양한 공간에 자신을 맞추어 가며 숨었을 때의 두근거림과 자신이 술래가 되었을 때는 누군가를 찾아냈다는 즐거움을 느끼게 한다. 『찾았다』는 이러한 놀이 특성을 그림책의 내용에 포함하고 있다. 독자인 영유아가 나비를 함께 찾아가며 즐거운 숨바꼭질을 할 수 있도록 한다.

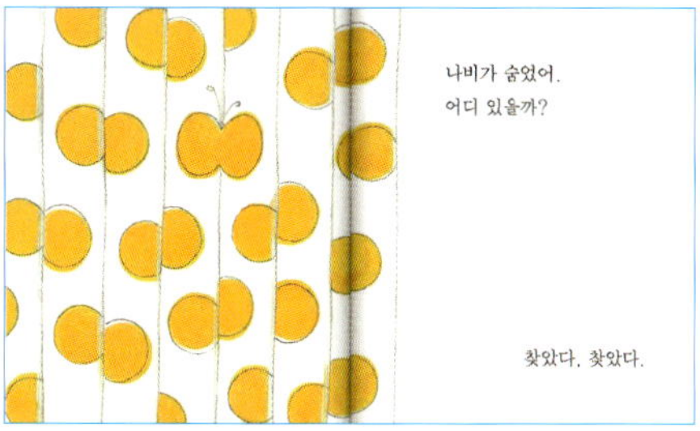

문승연 글 · 그림,
천둥거인, 2008

(7) 흉내 내기

영유아는 흉내 내기를 즐긴다. 영유아는 엄마, 아빠가 되기도 하고 동물이 되기도 한다. 내가 아닌 누군가가 되는 흉내는 즐거운 유머를 키워준다. 『아장아장 걷다가』는 꼬마가 아장아장 산책을 나갔다가 다양한 동물들을 만나 흉내 내는 모습을 보인다. 독자인 영유아는 주인공과 함께 등장하는 다양한 동물을 함께 따라해 가며 즐거운 놀이에 빠져든다.

허은미 글, 이혜리 그림, 아이세움, 2001

(8) 곤지곤지 잼잼

영아들은 그들의 신체를 이용해서 '곤지곤지', '잼잼 놀이'를 한다. 단순한 반복적 놀이임에도 아이들은 충분히 즐겁게 놀이하고 행복해 한다. 『도리도리 짝짜꿍』은 책을 폈을 때 영아의 반복적 신체놀이를 보여 준다. 영아는 성인과 함께 그림책 속 놀이를 현실에서도 이끈다.

김세희 글, 유애로 그림, 보림, 1998

(9) 그림책 도미노

영아들은 그림책의 내부에 존재하는 놀이만큼이나 놀이가 가지는 물리적 측면을 강조한 놀이를 즐긴다. 그림책을 늘어놓고 책이 연속적으로 넘어갈 때 영아들은 손뼉을 치며 즐거워한다. 그림책의 물리적 놀이성은 영아로 하여금 그림책을 더욱 친근하고 즐거운 놀잇감으로 생각하도록 한다.

2. 그림책과 놀이하기

유아는 놀이를 하는 과정만큼이나 결과물을 중시하며 창의적으로 만들고 꾸미기를 좋아한다. 놀이가 확장되고 다양해지면서 친구와 함께 연합놀이가 나타난다. 이런 놀이는 집단의식을 느끼도록 돕고 놀이의 지속시간도 길어지도록 한다(박찬옥 외, 2008). 유아의 놀이는 그림책 보기와 다르지 않다. 즉 유아는 그림책을 보는 과정에서 내부에서 포함된 다양한 놀이를 이해하고 주인공의 입장이 되어 함께 즐길 뿐 아니라 그림책을 보고난 후, 그 결과로 그림책에 포함된 놀이를 현실에서 또래와 함께 할 수 있으므로 놀이는 책 속에서 걸어 나와 현실에서 놀이하는 것이다.

(1) 똑바로 보고 거꾸로 보고

'똑바로 보고 거꾸로 보고'는 그림책의 그림을 똑바로 보았을 때 그림이 보이고, 거꾸로 보았을 때도 또 다른 그림이 보인다. 유아는 그림책을 펴고 눈에 보이는 그림을 보고 다시 거꾸로 보며 즐긴다. 유아들은 똑바로 혹은 거꾸로 보며 무궁무진한 창의력과 융통성을 형성하게 된다. 『휘리리후 휘리리후』는 똑바로 보았을 때의 그림만큼이나 거꾸로 보았을 때의 그림 역시 다양한 그림임을 이해하도록 한다. 똑바로 본 그림과 거꾸로 본 그림이 무엇인지 함께 이야기 나누는 아이들은 무엇보다 즐거운 놀이를 한다.

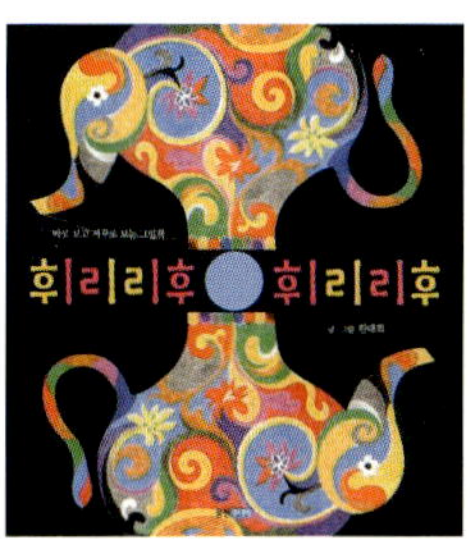

한태희 글 · 그림, 웅진주니어, 2006

(2) 주인공 찾기

그림책 안의 다양한 등장인물을 각각의 장면에 찾아주는 것은 독자인 유아에게 있어서 즐거운 경험이 된다. 글을 읽고 그림을 보며 상황을 이해하고 그 안에 적합한 등장인물을 찾아 넣어주는 것은 주인공과 함께 하는 놀이이다. 『나는 책이 싫어』는 이러한 찾기 놀이의 즐거움을 담고 있다. 책을 싫어하는 아이가 책에서 튀어나온 동물들을 돌려 보내주다가 책을 읽기 시작한다는 내용으로 독자인 유아는 주인공과 함께 찾기 놀이를 즐기게 된다.

맨주샤 퍼워기 글, 린 프랜슨 그림, 이상희 옮김, 풀빛, 2003

(3) 숨은 그림 찾기

숨은 그림 찾기는 영유아를 포함한 성인에게까지 즐거운 놀이이다. 유아에게 있어 숨은그림찾기는 그림 안의 그림을 또 다시 찾는 즐거운 놀이이다. 『동강의 아이들』은 동강의 아름다운 산과 바위, 물 등을 배경으로 엄마를 기다리는 아름다운 오누이의 모습이 함께 펼쳐 보여지고 있다. 동강의 자연에서 숨겨진 비밀을 발견하는 즐거움은 '그림 속에 숨은 그림'을 발견하는 즐거운 놀이인 것이다.

김재홍 글 · 그림, 길벗어린이, 2000

(4) 보물찾기

보물찾기는 독자인 유아를 가장 즐겁게 하는 놀이이다. 수수께끼를 내듯이 보여

주는 여러 가지 힌트를 보고 독자인 유아는 주인공과 함께 보물을 찾는다. 『오늘은 무슨 날?』은 주인공 슬기가 학교에 가면서 '오늘이 과연 무슨 날일까요?' 라는 질문을 하여 엄마에게 호기심과 기대를 던져 준다. 엄마는 집안 곳곳에 감춰 놓은 편지를 찾아간다. 그림책 안의 즐거운 보물찾기는 유아가 생활하는 현실에서 이루어질 때 더욱 즐겁다.

테이지 세타 글, 하야시 아키코 그림, 한림출판사, 2000

(5) 끝말잇기

'끝말잇기' 놀이는 유아가 즐기는 말놀이이다. 기발한 상상과 표현이 가능하기에 다양한 표현과 어휘로 아이들이 즐거움을 느끼게 한다.『시리동동 거미동동』은 독자인 유아가 선명한 그림으로 보고 그 안에서 경쾌한 박자감을 느끼고 즐겁게 놀이할 수 있도록 한다.

권윤덕 글 · 그림, 창작과 비평사, 2003

(6) 그림자 놀이하기

그림자 찾기는 수수께끼 놀이와 같은 기대감을 갖게 하는 놀이이다. 빛과 그림자를 이용한 놀이이므로 유아들이 놀이에 흥미를 갖고 즐겁게 참여하도록 한다. 그림자놀이는 오랜 기간 인간의 놀이와 함께 해왔다. 『누구 그림자일까?』는 그림자의 주인을 알아맞혀보는 수수께끼 형식의 놀이 그림책으로 사물의 그림자를 보고 다음 장을 넘겨 그림자의 주인공을 확인하도록 하여 유아를 놀이의 세계로 이끈다. 한 장면 한 장면 그림자 주인을 찾기 위해 생각을 하다보면 수수께끼를 푸는 재미뿐 아니라 사물에 대한 관찰력과 상상력이 길러지는 놀이이다.

최숙희 글 · 그림, 보림, 2000

(7) 수수께끼

수수께끼는 유아들의 주의집중을 이끄는 즐거운 놀이이다. 그림책의 경우 그림과 글로 제시해 주는 것을 이해하고 맞추어 가는 즐거운 놀이가 가능하다. 『그림 속 그림찾기 ㄱㄴㄷ』은 책 속에 'ㄱ'에서 'ㅎ'까지 한글을 주제로 하여 그림을 그리고 각각의 닿소리로 시작하는 사물들을 찾아내도록 하는 그림 속 그림 찾기가 이루어지도록 하는 수수께끼 놀이이다.

이상교 글, 안윤모 외 그림, 사계절, 2001

(8) 그림 보며 쿵 짝짝

소리를 내는 음악놀이는 아이들에게 즐거움을 선사한다. 다양한 리듬을 경험하고 스스로 소리를 내도록 하는 것은 흥겨운 놀이가 된다. 『쿵짝짝 소리 나는 그림, 김환기』는 책을 펼치면 음악을 드러내는 추상적 그림이 소리놀이가 가능하게 한다.

문승연 글 · 그림, 천둥거인, 2007

(9) 낙서하기

'낙서하기'는 영유아 모두에게 즐거운 놀이이다. 그림을 그리는 목적이 있어서 또는 목적이 없어서 즐거운 놀이이다. 즉 영유아가 어떠한 그림을 그리고자 하는 목적이 있든 아니면 단순히 긁적거리기를 위한 것이든 벽, 책, 방바닥에 낙서를 하는 것 자체가 즐거운 놀이가 된다. 『씻지않고 꿀꺽벌레는 정말 안 씻어』는 영유아가 그림책 안의 낙서와 같은 그림에 흥미를 느끼고 놀이하고 싶은 마음이 들도록 한다.

권윤덕 글 · 그림, 재미마주, 2000

(10) 소꿉놀이

소꿉놀이는 유아의 성별을 가리지 않고 즐기는 놀이이다. 가족의 역할을 하며 일상에서의 경험을 놀이로 나타내는 아이들의 모습은 너무나 즐겁다. 『오늘은 우리집 김장하는 날』은 김장을 하는 주인공의 집을 보여준다. 아이들은 그림책을 읽고 김장을 함께 담글 뿐 아니라 현실의 놀이에서 또래와 함께 김장을 담그며 즐겁게 놀이를 이끌어간다.

채인선 글, 방정화 그림, 보림, 2001

(11) 물놀이

물놀이는 성인에게 성가신 일을 만들어도 유아에게는 즐겁고 흥미로운 놀이이다. 비가 오는 날, 웅덩이의 물, 다양한 형태에 따라 모양이 바뀌는 물은 유아에게 즐거운 놀이감이 된다. 『비오는 날 웅덩이에서』(데이비드 맥페일, 김현숙 역, 베틀북, 2002)*는 웅덩이의 물을 가지고 즐거운 놀이를 하는 주인공을 보고 주인공의

* 저작권 계약 만료로 베틀북에서 더 이상 출간되지 않으므로 『비오는 날』(시공사)로 대체해서 쓸 수 있음.

놀이에 함께 한다. 유아는 그림책 안에서의 즐거운 물놀이를 보고 또래와 함께 현실 세계에서의 물놀이를 더욱더 다양하고 즐겁게 할 수 있다.

(12) 모래놀이

모래놀이는 유아들에게 무엇보다 즐거운 놀이이다. 모래를 가지고 다양한 물건을 만들어 보는 창의적이고 감각적인 놀이이다. 『모래놀이 가자』는 그림책 안에서 모래놀이의 즐거움을 함께 알고 가족 혹은 또래와 즐거운 놀이가 가능하도록 한다.

김성은 글,
박수지 그림,
이장원 사진, 이수현 꾸밈,
웅진주니어, 2008

(13) 옛날이야기 듣기

옛날이야기는 즐거운 놀이이다. '옛날 옛날에…' 로 시작되는 옛 이야기는 듣는 이로 하여금 상상력을 발휘하도록 하는 놀이이다. 옛날이야기를 들려주는 성인과 듣는 영유아 모두 즐거울 수 있는 말놀이이다. 『마고할미』 역시 그림책을 펴면 '옛날 옛날에…' 로 시작하여 유아가 그림을 보고 글씨를 읽거나 혹은 성인이 읽어주는 소리를 들으며 옛날이야기를 듣는 듯한 느낌을 받는다. 또한 그림책의 내용 역시 옛이야기를 소재로 하여 '옛날에 세상이 어떻게 생겼을까?' 에 대한 이야기를 들려 준다.

정근 글, 조선경 그림, 보림, 2006

(14) 노래하고 춤추기

노래하고 춤추는 영유아의 모습을 빈번하게 볼 수 있다. 음악이 나오면 몸을 움직이는 것은 영유아에게 다른 어떤 놀이보다 매력을 느끼게 하는 놀이이다. 익숙하지 않고 잘하지 않아도 그 자체가 즐거움이 되는 놀이가 노래하고 춤추기라 하겠다. 『꼬마 발레리나 타냐』(페트리샤 리 고흐 글, 이치카와 사토미 그림, 장지연 역, 현암사, 2001)에서 그림책 속 타냐를 보며 현실의 아이들은 다양한 동작을 하며 춤을 춘다.

(15) 쌓고 무너뜨리기

쌓기 놀이는 유아가 많은 시간 집중하는 놀이이다. 다양한 형태의 사물을 만들어가며 즐기는 구성놀이이다. 『자꾸자꾸 모양이 달라지네』(팻 허친스 그림, 보물창고, 2006)는 유아의 구성놀이를 자극하는 그림책이다. 그림책을 펴면 아이들은 다양한 블록을 사용한 놀이를 보고 책을 덮으면 현실의 다양한 물건을 쌓기 영역에서 만들어간다. 집, 소방차, 배, 자동차, 기차 등 어느것 하나 아이들의 쌓기를 자극하지 않는 것이 없다.

(16) 흉내 내기

흉내 내기는 영유아 모두에게 즐거운 놀이이다. 자신이 될 수 없으나 되고 싶은 무언가가 되어보는 흉내 내기는 아이들을 자유롭게 만든다. 『고양이』는 고양이의 다양한 움직임을 따라하는 주인공들을 보여주어 독자인 유아가 현실의 생활에서 따라 놀이해 보고 싶은 마음을 갖게 한다.

현덕 글, 이형진 그림, 길벗어린이, 2000

(17) 말놀이

말놀이는 단순한 문장과 입에 맞는 운율, 반복 구조를 이용하여 종알종알 따라 하게 되고 자연스럽게 우리말의 어휘와 문법을 익히게 하는 놀이이다. 『어디만큼 왔나?』는 그림책에 나타난 운율을 느끼며 즐겁게 놀이할 수 있도록 한다. 그림을 그리며 노래를 부르듯 즐거워하는 유아들은 말놀이를 즐기게 된다.

조은수 글, 최나미 그림, 웅진닷컴, 2005

(18) 전통놀이

– 제기차기, 전통악기놀이, 윷놀이, 팽이치기, 비석치기, 공기놀이 등

전통놀이는 겨레의 사상과 정서, 성품과 기질을 담고 있다. 우리의 문화에서 담고 있는 다양한 사상을 이해하고 흥에 겨워 놀이하도록 돕는다. 『사물놀이 이야기』

는 사물놀이에 담긴 상징과 의미를 놀이라는 흥을 통해 이해할 수 있도록 돕는다.

김동원 글, 곽영권 그림, 사계절, 2001

(19) 가면놀이

가면놀이는 전 세계적으로 오랜 옛날부터 이루어져 온 놀이이다. 자신을 숨기고 다양한 가면을 쓰고 놀이하는 것은 즐겁다. 『아무도 모를 거야 내가 누군지』는 주인공 건이가 네 눈박이 탈, 소탈, 양반탈, 말뚝이탈, 각시탈, 할미탈을 차례대로 써 보며 각 탈에 어울리는 흉내를 내는 모습은 독자인 유아에게 너무나 흥미로운 놀이가 된다. 현실에서 또래와 함께 할 수 있는 즐거운 놀이의 주제를 제시하는 그림책이라 하겠다.

김향금 글, 이혜리 그림, 보림, 2006

▶▶ 3. 그림책 만들기 놀이

유아는 그림책을 펴고 그 내용을 이해하는 것에 그치지 않고 직접 만들어 보는 놀이를 통하여 그림책의 내용을 보다 잘 이해하고 즐기게 된다. ‘그림책 만들기 놀이’는 만들기 자체로 즐거운 놀이가 될 뿐 아니라, 그림책의 내용과 그림이 만들기 놀이를 보다 다양하게 제시한다. 본 서에서 ‘그림책 만들기 놀이’는 ‘작은 책’, ‘pop-up , 뚜껑 책’, ‘모양 바꾸기 책’, ‘열어 보세요’, ‘의자 책’, ‘책 속의 책’, ‘성책 만들기’, ‘병풍 책’, ‘모자 책’ 등 그림책에 등장하는 주인공 혹은 특정 사물을 만들어 보거나 혹은 그림책의 내용을 포함한 작은 사이즈의 그림책 혹은 다양한 형태의 그림책을 만들어 보는 활동이다. ‘멜라니 월시’의 『무엇이 있을까요』는 뚜껑을 열고 닫으며 놀이할 수 있도록 하는 그림책이다. 영유아들은 ‘뚜껑 책’을 만들어 다양한 동물이나 식물을 숨겼다 보였다 하는 만들기를 한다.

멜라니 월시 글 · 그림, 시공주니어, 2002

참고문헌

강문희, 이혜상(2008). **아동 문학교육**. 서울: 학지사

김세희(2008). **세계 그림책의 역사**. 서울: 학지사

_____, 현은자(1995). **어린이의 세계와 그림이야기책**. 서울: 양서원.

김소양, 이경화, 채종옥(2001). **그림 이야기책을 통한 유아문학활동**. 서울: 양서원.

김소연(2000). 그림책을 활용한 미술 감상활동이 유아의 미적 반응에 미치는 효과. 성균관대학교 대학원 석사학위논문.

김수향, 정대련(2004). 그림책을 활용한 창의적 문제해결과정의 효과: 창의적 사고, 문제해결 수행능력을 중심으로. **유아교육연구**, 24(5), 291-310.

김은영(2001). 동화를 활용한 통합적 활동이 유아행동발달에 미치는 효과. 동아대학교 교육대학원 석사학위논문.

김정규, 정남미, 한애향(2002). **문학적 접근에 의한 통합적 유아교육프로그램**. 서울: 정민사.

김정화(2006). 그림책 읽어주기에서 그림책의 종류가 부모의 읽기 행동에 미치는 영향. **아동학회지**, 27(5), 95-107.

김현희, 박상희(1999). **유아문학교육**. 서울: 학지사.

_____, _____(2008). **유아문학 이론과 적용**. 서울: 학지사.

박찬옥, 정남미, 곽현주(2008). **놀이지도**. 서울: 정민사.

변윤희(2004). 그림책을 활용한 유아예술교육 프로그램이 창의성에 미치는 효과 및 유아 창의성 루브릭 개발. 성균관대학교 대학원 박사학위 논문.

_____, 현은자(2002). 기호학적 관전에서 본 그림책의 글과 그림. **유아교육연구**, 20(1), 163-184.

______, ______(2004). 그림책을 활용한 유아예술교육 프로그램이 유아의 창의성 에 미치는 효과. **유아교육연구**, 24(5), 311-335.

서정숙(2001). 유아 문학교육내용과 교수계획에 대한 논의. **어린이문학교육연구**, 2(2), 21-38.

_____(2004). '유기체로서의 그림책' 분석을 위한 기준 연구. **어린이문학교육연구**, 5(1), 1-36.

_____, 김정원(2008). **유아문학교육 프로그램**. 서울: 창지사.

서정원, 김정원, 남규(2006). 그림책 중심의 문학교육 프로그램이 유아의 문학적 능력과 흥미에 미치는 영향. **유아교육연구**, 26(6), 103-127.

석용원(1982). **아동문학원론**. 서울: 학연사.

신혜선(2006). 유아 그림책의 기호학적 구조분석을 통한 교육적 이해. **열린유아교육연구**, 11(5), 147-171.

오영희, 우수경, 전호숙(2004). 그림책을 활용한 유아 정서능력 향상 프로그램 개발 및 효과. **유아교육연구**, 24(5), 269-290.

오정옥(2001). 그림책의 그림읽기 프로그램이 유아의 시각적 문식성에 미치는 영향. 성균관대학교 대학원 석사학위논문.

유수경, 정명숙, 송주연(2008). 그림책 속에 나타난 친구관계 유형과 우정의 의미 탐색. **열린유아교육연구**, 13(3), 39-67.

윤선아(2007). 그림책을 활용한 극놀이 중재가 자폐아동의 정서이해수준과 사회적 놀이 수준에 미치는 효과. **유아특수교육연구**, 7(1), 71-96.

이경우(1997). **유아에게 적절한 그림책: 유아도서 추천을 위한 기초연구**. 서울: 양서원.

이기영, 박아청(2008). 그림책을 활용한 유아 사회 · 정서교육 프로그램 개발 연구. **아동교육**, 17(2), 213-222.

이대균, 백경순, 송정원, 이현정(2006). **유아문학교육**. 고양: 공동체.

이상금, 장영희(1986). **유아문학론**. 서울: 교문사.

_____, _____(2001). **유아문학론**. 서울: 교문사.

이상현(1987). **아동문학강의**. 서울: 일지사.

이송은(2006). 2세 영아의 책에 대한 의미탐색. 중앙대학교 대학원 박사학위 논문.

이연규(1999). 글 없는 그림책과 교사와의 상호작용이 시각적 문해, 추론, 구두언어 및 확산적 사고에 미치는 영향. 이화여자대학교 박사학위 논문.

이영자, 이종숙, 신은수(2005). 유아의 정서지능, 마음이론, 실행기능 향상을 위한 그림책 이야기를 활용한 집단게임놀이 효과. **유아교육연구**, 25(3), 119-147.

이재철(1983). **아동문학의 이론**. 서울: 형설출판사.

이지현(2007). 그림책의 역사 그리고 현대문학이론과 기호학적 관점에서의 그림책의 커뮤니케이션 분석. **조형미디어학**, 10(1), 35-42.

이춘희(2005). **유아문학교육:창의성 향상을 위한 이론과 실제**. 서울: 동문사.

임부연(2005). 유아기 심미감 발달과 연계한 물감수업의 탐구. **미술교육논집**, 19(3), 297-325.

______, 박향원(2008). 그림책에서의 심미적 요소탐색-2005 칼데콧 영예상 수상도서 “Knuffle Bunny”를 중심으로-. **유아교육연구**, 28(4), 35-59.

임영숙(2001). 동화를 통한 감정이입적 접근방법이 유아의 사회적 기술에 미치는 효과. 전남대학교 교육대학원 석사학위논문.

임영심, 고문숙(1999). **유아를 위한 문학교육**. 서울: 정민사.

장혜순(1997). **아동문학론**. 서울: 창지사.

정남미, 한애향(2006). **영유아의 개념형성을 돕는 총체적 언어교육 프로그램**. 서울: 정민사.

최지희(2003). 그림책을 활용한 미술감상교육이 유아의 그림표현 능력에 미치는 영향-시각요소를 중심으로-. 성균관대학교 대학원 석사학위 논문.

한유진(2003). 글없는 그림책과 이야기 그림책의 유아와 어머니의 언어적 상호작용 전략 및 유형비교. **대한가정학회지**, 41(3), 17-30.

현은자(2000). 그림책에 대한 기독교적 조망. **신앙과 학문**, 5(2), 99-124.

_____, 강은진, 변윤희, 심향분(2004). **그림책의 그림읽기**. 서울: 마루벌.

_____, _____, _____, _____, 최경, 나선희, 윤아해, 오정옥, 강은애, 육길나 (2007). **그림책과 예술교육**. 서울: 학지사.

_____, 김현경(2007). 놀이로서의 그림책의 글과 그림읽기. **아동교육연구**, 27(2), 261-279.

Brenner, J., & Mueller, E.(1982). Shared meaning in boy toddlers' peer relations. *Child Development*, 53, 380-381.

Bromley, K. D.(1991). Webbing with literature; Creating story books, *A division of Simon and Schuster*, Inc.

Bruner, J. S.(1972). The Nature and uses of immaturity. *American Psychology*, 27, 687-708.

Burke, E. M.(1990). *Literature for the young child.* Boston: Allyn and Bacon, 160-162.

Cho, B. K., & Kim, J. J. (1999). The improvement of children's creativity through Korean picture books. *Childhood Education*, 75(6), 337-341.

Cullinan, B, E., & L, Galda, (2002). *Literature and the child.*(5th ed.). CA: Wadsworth/Thomson Learning.

Fergus(1999) *Children, Play, and Developmnet.* (3rd ed.). (김광웅, 유미숙, 박영애, 유가효, 최영희, 방은령 역). 서울: 시그마 프레스.

Giorgis, C., & Jhonson, N. J. (2001). Creative expression. *The Reading Teacher*, 54(6). 633-634.

Glazer, J. I. (1997). *Introduction to children's literature.* NJ.: Prentice-Hall. Inc.

Goodsit, J., Raitan, J., &Perlmutter, M. (1988). Interaction between mothers and preschool children when reading a novel and familiar book. *International Journal of Behavioral Development*, 11, 489-505.

Howes, C.(1988). Peer interaction of young children. *Monographs of the Society for Research in Child Development*, 53(Serial No. 17).

Isenberg,J.P., & Jalongo, M. R.(2001). *Creative expression and play in early childhood*(3rd ed.). Upper Saddle River, NY: Merrill.

Jalongo, E.(1990). *Young children and picture books: Literature from infancy to six*. Washington: NAEYC.

Kiefer, B. Z.(1995). *The Potential of Picturebooks: From Visual Literacy to Aesthetic Understanding*. Englewood Cliffs, NJ: Merrill.

Levy, J.(1978). *Play behavior*. NY: Weley.

Nodelman, P. (1988). The relationships of pictures and words. Words About Pictures. Georgia: U of Geargia P.

____________(2001). 어린이 문학의 즐거움 〔*The pleasures of children's literature*〕. (2nd ed.), (김서정 역). 서울: 시공주니어 (본 발간일은 1996).

Piro, S. D. (2002). The picture of reading: Deriving meaning in literacy through image. *The Reading Teacher*, 56(2), 126-142.

Rothlein, L., & Meinbach, A. M. (1991). *The literature connection: Using children's books in the classroom*. Glenview, IL: Scott, Foresman/GoodYear.

Rubin, K. H., Fein, G. G., & Vandenberg, B.(1983). Play. In hetheringtion, E. M.(ed.). Socialization, personality and social development. *Handbook of Child Psychology*(693-774). NY: Wiley.

Russell, D. L.(1991). *Literature for children: a short instruction*. NY:

Longman publishing Group.

Saarni, C. (1990). Emotional competence: How emotions and relationships become integrated.In R. A. Thompson (Ed.), *Socioemotional development*(pp. 115-182). Lincoln: University of Nebraska Press.

___________(1999). *The development of emotional competence.* NY: The Guilford Press.

Sawyer, W. E.(2000). *Growing up with literature.* Albany, NY: Delmar.

Sénéchal, M., Cornell, E. H., & Broda, L. S. (1995). Age-related changes in the organization of parent-infant interactions during picture-book reading. *Early Childhood Research Quarterly*, 10, 317-337.

Sutherand, z. (1997). *Children & books.* NY: Addison-Wesley Educational Publishers Inc.

Sutherland, Z., & Arbuthnot, M. H. C.(1991). *Children and Books.* Harper Collins Publishers.

제2부

그림책과 영유아 놀이지도 활동의 실제

제1장 그림책과 친구되기

Ⅰ. 영아를 위한 활동

Ⅱ. 유아를 위한 활동

Ⅰ. 영아를 위한 활동

1. 짝짜꿍 놀이해요

도리도리 짝짜꿍

이상교 글, 최숙희 그림, 사파리, 2008

동화내용

아기가 열 마리 동물들과 놀이한다. 곰은 '불아불아' 하면서 아이의 허리를 양손으로 잡고 좌우로 흔들어 주고, 캥거루는 '시상시상' 하며 아기를 앞뒤로 끄덕여 준다. 강아지는 '도리도리', 악어는 '잼잼', 고릴라는 '곤지곤지', 펭귄은 '섬마섬마' 아기에게 걸음마를 가르치고, 호랑이는 '에비에비' 하면서 그른 일을 하면 안 된다는 것을 알려 준다. 고양이와 '아함아함' 하품하고, 코끼리와 '짝짜꿍 하고 마지막으로 모든 동물들과 함께 ' 질라아비훨훨 ' 춤을 추며 나비를 쫓아간다.

활동목표 동물의 움직임에 관심을 갖고, 흉내말을 익히며 신체를 움직여 본다.

활동자료 그림책 〈도리도리 짝짜꿍〉

활동방법

① 영아와 그림책 〈도리도리 짝짜꿍〉을 보며 4.4조의 운율에 맞게 가락을 넣어 읽어 준다.

- 〈도리도리 짝짜꿍〉 책을 읽어 볼까?
- 아기가 동물 친구들과 놀고 있네~

② 그림책의 동물들과 아기의 움직임을 따라해 본다.

- 이 동물은 누구지?
- 아기가 무엇을 하고 있니?
- 다음에 나올 동물 친구는 누굴까?
- 선생님이 불아불아, 시상시상 해줄게.
- 도리도리, 곤지곤지, 잼잼을 해보자.

1. 불아불아 – 아이의 허리를 잡고 좌우로 흔든다.
2. 시상시상 – 아이가 앉아 몸을 앞뒤로 끄덕이게 한다.
3. 도리도리 – 머리를 왼쪽, 오른쪽으로 흔든다.
4. 곤지곤지 – 오른손 집게손가락으로 왼쪽 손바닥을 찍는다.
5. 잼잼 – 두 손을 쥐었다 폈다 한다.
6. 섬마섬마 – 영아를 손바닥 위에 올려 세우는 시늉을 한다.
   (영아의 두 손을 잡고 천천히 걷는다)
7. 어비어비 – 영아가 해서는 안 될 것을 가르쳐 준다.
8. 아함아함 – 손바닥으로 입을 막는 시늉을 하는 것
9. 짝짜꿍 – 두 손바닥을 마주치며 박수를 친다.
10. 질라아비훨훨 – 영아의 팔을 잡고 함께 춤을 춘다.

2. 까꿍 놀이

뭐하니?
유문조 글, 최민오 그림, 천둥거인, 2005

동화내용

등을 보이고 앉아 있는 동물 인형 - 곰돌이, 원숭이, 코끼리, 강아지, 고슴도치, 아가에게 차례대로 '뭐하니?' 라고 물어보면 소꿉놀이, 그림 그리기, 블록 쌓기 등의 다양한 놀이를 보여 준다. 옷이며 얼굴에 잔뜩 음식 부스러기를 묻힌 곰돌이, 조심조심 블록을 쌓다 그만 무너뜨리고 만 코끼리, 그림 그리는 원숭이, 빨간 전화기를 거꾸로 들고 전화하는 강아지, 카세트 테이프를 다 풀어내고 있는 고슴도치, 이불 속에 있던 아가가 까꿍하며 나온다.

활동목표 까꿍놀이를 즐기고, 앞 모습과 뒷 모습을 짝지을 수 있다.
동물들의 모습과 놀이를 흉내내 본다.

활동자료 그림책 〈뭐하니?〉, 동물 인형, 작은 이불 또는 보자기

활동방법

① 그림책 〈뭐하니?〉에서 동물들의 뒷 모습을 보고, 누구인지 알아맞힌다.
- 이건 누구일까? 곰돌이는 무얼하고 있는 걸까?
- ○○야, 뭐하니? 하고 물어보고, 뒷 장의 그림을 열어본다.

② 동물들이 무슨 놀이를 하고 있는지 이야기해 본다.
- 동물 친구들이 무엇을 하고 있니?
- 소꿉놀이, 그림 그리기, 블록 쌓기, 전화놀이 등

③ 영아와 함께 까꿍놀이를 해본다.
- 동물 인형의 뒷 모습을 보고 이름을 알아맞힌다.
- 영아에게 작은 이불(보자기)을 씌우고 까꿍놀이를 한다.
- 영아에게 보자기를 인형에게 씌우게 하고 까꿍놀이를 해본다.

확장활동 영아와 선생님의 뒷 모습과 앞 모습을 찍은 사진을 프린트하여 코팅한 후 까꿍놀이를 할 수 있다.

열두 띠 동물 까꿍놀이

최숙희 글 · 그림, 보림, 2003

동화내용

쥐, 소, 호랑이, 토끼 등 열두 띠 동물들이 차례로 나와 까꿍놀이를 한다. 자기의 얼굴을 손으로 가린 채 "멍멍, 강아지 없다!", "찍찍 쥐 없다!", "꼬꼬 닭 없다!" 하고 말하고, 다음 장에서는 손을 떼며 "까꿍! 강아지 여기 있네!" 하며 눈을 동그랗게 뜨고 나타난다.

활동목표 까꿍놀이를 즐기고, 동물들의 모습을 흉내내 본다.

활동자료 그림책 〈열두 띠 동물 까꿍놀이〉, 동물 인형, 작은 이불 또는 보자기

활동방법

① 그림책 〈열두 띠 동물 까꿍놀이〉를 보며, 어떤 동물인지 알아맞힌다.

- 동물들이 눈을 가리고 있네. 누굴까?
- 동물 친구들이 무얼하고 있니?
- 멍멍, 강아지 없다!
- 까꿍! 강아지 여기 있네!

② 영아와 함께 까꿍놀이를 해본다.

- 우리도 까꿍놀이를 해볼까?
- 영아의 눈을 가렸다 떼며 '까꿍!' 해본다.
- 교사가 손이나 그림책으로 얼굴을 가렸다 떼며 까꿍놀이를 한다.

〈함께 보면 좋은 그림책〉

- 열두 띠 동물 까꿍놀이, 최숙희 글 · 그림, 보림, 2003.
- 누구게?, 김난지 글, 박수지 그림, 웅진주니어, 2006
- 모자 밑에 누굴까?, 사라 위크스 글, 데이비드 A. 카터 그림, 이현숙 옮김, 보림 큐비, 2008
- 친구를 보내주세요, 로드 캠벨, 염현숙 옮김, 문학동네어린이, 2004

난 그림책이 정말 좋아요

아니타 제람 글 · 그림, 이상희 옮김, 베틀북, 2002

동화내용

아기 토끼는 그림책을 좋아한다. 그림책 속을 드나들다 보면, 마법의 숲과 호수를 만날 수 있고, 그 안에서 다정한 사자 친구, 날개를 단 요정, 잠자는 공주 등 그림책 친구들은 언제나 아기 토끼가 원하면 항상 즐겁게 놀아준다.

그림책은 신나는 모험으로 가득하고, 그림책을 통해 모든 소원을 다 이룰 수 있다. 그림책 속 마법의 숲에는 커다란 신발을 신은 거인도 살고, 아름다운 공주가 사는 궁전도 있다. 친구들은 모두 파티를 열기도 한다.

아기 토끼는 그림책 친구들을 만나 즐거운 시간을 보내고, 졸리면 작별 인사를 하고 그림책을 덮는다.

활동목표
- 책에 흥미를 가지고 그림책을 즐겨본다.
- 책을 소중하게 다룬다.

활동자료 그림책 〈난 그림책이 정말 좋아요〉, 다양한 크기와 두께의 그림책

활동방법

① 그림책 〈난 그림책이 정말 좋아요〉를 읽고, 아기 토끼가 좋아하는 그림책에 대해 이야기 나눈다.
- 아기 토끼는 그림책을 왜 좋아할까?
- 아기 토끼의 그림책 속에 있는 특별한 친구는 누구일까?
- ㅇㅇ가 좋아하는 친구는 누구니?

② 아기 토끼가 한 놀이를 따라해 본다.
- 아기 토끼가 그림책으로 하는 놀이에는 어떤 것이 있을까?
  (상상하기, 책으로 그늘 만들기, 징검다리 건너기, 책장 펄럭여 바람 만들기 등)
- 우리가 아기 토끼가 되어볼까?
- 그림책으로 할 수 있는 놀이에는 어떤 것이 있을까?

③ 그림책을 소중히 다루는 방법에 대해 이야기 나눈다.

- 만약에 그림책이 없다면 어떻게 될까?
- 책을 어떻게 다루어야 할까?
- 책을 보고 난 후에는 어떻게 하면 좋을까?

나는 책이 좋아요

앤서니 브라운 글 · 그림, 허은미 옮김, 책그릇, 2009

동화내용

아기 고릴라는 책을 좋아한다. 웃기는 책도 좋아하고 무서운 책도 좋아하고, 전래 동화책이나 전래 동요 책도 좋아한다. 만화책, 색칠 공부 책, 공룡 책, 해적이 나오는 책 등 모든 책을 좋아한다.

활동목표 그림책에 흥미를 가지며, 즐겁게 읽는 경험을 한다.

활동자료 그림책 〈나는 책이 좋아요〉, 다양한 크기와 두께의 그림책 여러 권

활동방법

① 그림책 〈나는 책이 좋아요〉를 읽고, 좋아하는 그림책에 대해 이야기 나눈다.

- 아기 고릴라는 어떤 그림책을 좋아하니?
- 웃기는 책과 무서운 책을 찾아보자.
- ○○가 좋아하는 그림책은 어떤 것이니?

② 아기 고릴라가 한 놀이를 따라해 본다.

- 아기 고릴라가 그림책으로 하는 놀이에는 어떤 것이 있을까?
  (책 들어올리기, 책 계단 오르기, 책 의자 앉기 등)
- 우리가 아기 고릴라가 되어볼까?
- 그림책으로 할 수 있는 놀이에는 어떤 것이 있을까?

4. 숨은 그림 찾기

아기 오리는 어디로 갔을까요?

낸시 태퍼리 글 · 그림, 박상희 옮김, 비룡소, 1999

동화내용

여덟 남매가 옹기종기 모여 있는 오리 둥지. 그 중 아기 오리 한 마리가 호랑나비를 따라 둥지를 떠난다. 엄마 오리는 아기 오리들을 데리고 집을 나간 아기 오리를 찾아 나선다. 연못에 사는 이웃인 해오라기, 거북이, 집을 짓고 있는 비버에게 물어보지만 멀리서 나비와 개구리 친구들과 놀고 있는 아기 오리를 찾지 못한다. 드디어 아기 오리는 거북이와 호랑나비의 안내를 받아 집으로 돌아와서 엄마 품에서 잠이 든다.

활동목표 숨어있는 그림을 찾으며, 자신감과 즐거움을 느낀다.
주변에 있는 물체의 수를 세어 본다.

활동자료 그림책 〈아기 오리는 어디로 갔을까요?〉

활동방법

① 그림책 〈아기 오리는 어디로 갔을까요?〉를 읽고 이야기 나눈다.
- 이 그림책은 누가 주인공일까?
- 아기 오리는 모두 몇 마리인지 같이 세어보자.

② 영아들과 같이 아기 오리가 있는 곳을 찾아본다.
- 집을 나간 아기 오리는 어디 있을까?
- 숨어 있는 아기 오리를 찾아보자.
- 잘 찾았구나. 수풀 속에 꼬리가 보이네.

③ 그림책을 읽고 내용을 회상해 본다.
- 엄마 오리가 만난 이웃은 누구 누구였니?
- 집을 나간 아기 오리에게 하고 싶은 말이 있니?

금붕어가 달아나네

고미 타로 글 · 그림, 엄기원 옮김, 한림출판사, 2003

동화내용

빨간 금붕어가 어항에서 달아나 이리저리 숨는다. 빨간 커튼의 물방울 무늬가 되었다가 또 달아난다. 빨간 화분 속의 꽃이 되기도 하고, 사탕 병 속의 빨간 사탕이 되어 숨었다가, 딸기로 숨고, 텔레비전 속에도 숨는다. 그리고 장난감처럼 가만히 장난감들 사이에 숨었다가 연못 속 친구들과 만나 헤엄을 친다.

활동목표 주변의 사물에 호기심을 갖고, 탐색해 본다.

활동자료 그림책 〈금붕어가 달아나네〉

활동방법

① 영아와 함께 그림책 〈금붕어가 달아나네〉를 읽고 이야기 나눈다.
- 여기 빨간 금붕어가 있네. 이건 무얼까?
- 금붕어가 어항 속에서 나와 밖으로 달아나네.
- 금붕어가 어디로 갔을까?

② 영아들과 금붕어가 숨어 있는 곳을 찾아본다.
- 숨어 있는 빨간 금붕어를 찾아보자.
- 여기 커튼 속에 숨어 있네. 잘 찾았구나.
- 그래, 여기 과일 바구니 사이에 숨어 있네.

누가 숨겼지?

고미 타로 글 · 그림, 김난주 옮김, 비룡소, 2002

동화내용

"장갑을 숨긴 건 누구? 칫솔을 숨긴 건 누구?" 동물들의 모습 속에 여러 가지 물건들이 숨어 있다. 수탉의 볏에 장갑이, 악어 이빨에는 칫솔이, 너구리 꼬리에 줄무늬 양말이, 거북이 다리에 자전거, 동그란 무늬 나비들 속에 하트 무늬 나비가 숨어 있다.

활동목표 주변의 사물에 호기심을 갖고, 탐색해 본다.
주변의 물체를 10까지 세고 숫자와 연결해 본다.

활동자료 그림책 〈누가 숨겼지?〉

활동방법

① 영아와 함께 그림책 〈누가 숨겼지?〉를 읽고 이야기 나눈다.
- 그림책에 어떤 동물들이 나올까?
- 동물들의 수를 세어 볼까?

② 숨겨진 물건의 이름을 말해 보고 영아와 함께 찾아본다.
- 여기 칫솔이 있구나.
- 칫솔을 숨긴 건 누구일까?
- 어떤 악어가 칫솔을 숨겼니? 어디에 숨겼는지 찾아볼까?

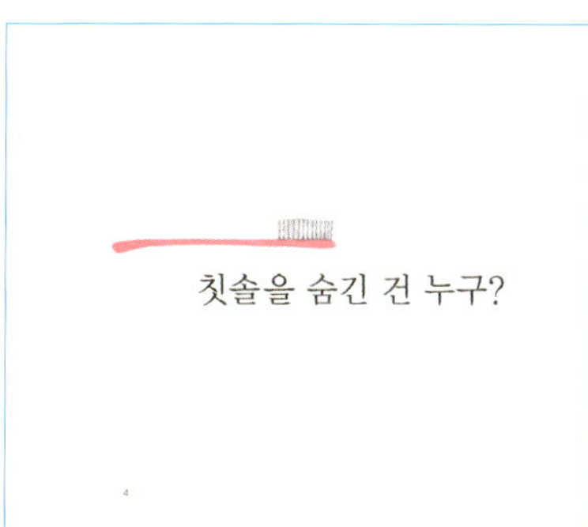

5. 책 모양 맞추기

배를 타고

스키야마 카나요 글 · 그림, 엄기원 옮김, 한림출판사, 2002

동화내용

동그라미가 동그란 도시락을 들고 배를 타고 가다가 세모 도시락을 든 세모를 만나 배에 태워 주고, 네모 도시락을 든 네모를 만나 네모도 배에 태워준다. 몸집이 큰 네모가 배를 타자 배가 기우뚱하고 흔들거린다.

마지막으로 가늘고 긴 도시락을 든 가늘고 긴 막대를 만나서 배를 타고 흔들흔들 가다가 섬에 도착해서 모두 같이 앉아 자기 모양과 똑같이 생긴 김밥을 맛있게 먹는다.

활동목표 기본 도형의 생김새를 구별하고, 이름을 알아본다.
그림책을 크기와 모양에 따라 분류할 수 있다.

활동자료 그림책 〈배를 타고〉, 크기와 모양이 다른 그림책, 그림책 모양 판

활동방법

① 여러 가지 모양의 그림책을 소개한다.
- 그림책이 여러 권 있구나.
- 이 책은 큰 네모 모양이고, 이 책은 피자 모양이네.
- 이 책은 무슨 모양일까?

② 영아와 함께 그림책 〈배를 타고〉를 읽으며, 여러 가지 모양의 이름을 익힌다.
- 동그라미가 들고 있는 도시락은 어떤 모양이니? (동그라미)
- 처음에 만난 친구는 누구였니? (세모)
- 그 다음에 배에 태워 준 친구는 누구였을까? (네모, 긴 막대)

③ 그림책의 모양과 크기를 비교해 보고, 분류해 본다.
- 이 책의 모양과 똑같은 책을 찾아볼까?
- 크기도 똑같구나. 다른 책도 찾아보자.

④ 분류판에 있는 크기와 모양에 맞게 그림책을 놓아 본다.
- 선생님이 모양판을 가지고 왔는데, 똑같은 책을 찾아 판 위에 올려놓아 보자.

〈함께 보면 좋은 책〉

- 모양놀이, 크베타 파코브스카 지음, 이지연 옮김, 베틀북, 2001
- 알록달록 동물원, 로이스 엘렛 지음, 문정윤 옮김, 시공주니어, 2001
- 모양 놀이, 비르지니 알라지디 글, 벵상 부르조 그림, 길미향 옮김, 보림큐비, 2007
- 친구를 보내주세요, 로드 캠벨, 염현숙 옮김, 문학동네어린이, 2004

6. 그림책 도미노 놀이

그림책 도미노

여러 가지 다양한 그림책들

활동목표 그림책이 쓰러지지 않도록 균형을 맞추어 세워 본다.
그림책을 크기 순서대로 분류해 볼 수 있다.

활동자료 작고 두꺼운 영아용 그림책 여러 권

활동방법

① 그림책을 탐색해 보면서 바닥에 세워 본다.
- 내가 읽고 싶은 책을 가져오자.
- 어떤 책이니? 이 중에 제일 큰 책은 어떤 책일까?
- 작은 책부터 큰 책까지 차례대로 놓아볼 수 있을까?

② 책 도미노 놀이를 소개한다.
- 책을 차례차례 세워볼 수 있을까?
- 어떻게 하면 책을 쓰러지지 않게 세울 수 있니?
- 이제 그림책을 밀어보자. 어떻게 되었니?

③ 영아들과 그림책을 세워 도미노를 만든다.
- 책을 세울 때 그림책과 그림책 사이를 얼마나 떼어놓아야 할까?
- 구부러지는 곳에는 책을 어떻게 놓아야 할까?

7. 똑같이 따라 해요

고양이는 나만 따라 해

권윤덕 글 · 그림, 창비, 2005

동화내용

늘 혼자 집을 지키던 아이에게 어느 날 고양이 한 마리가 찾아온다. 고양이는 언제나 아이와 함께 하려하고, 깜깜한 밤이 무서워 이불을 뒤집어쓰는 것도, 엄마의 발걸음 소리를 기다리며 현관문 앞에서 앉아서 기다리는 것도 모두 고양이는 아이만 따라한다. 아이는 친구를 따라하듯 높은 책장 위에 올라가고 어둠 속을 쳐다보는 고양이의 행동을 따라한다.

활동목표 그림책에 흥미를 갖고 읽기를 즐긴다.
동물의 움직임에 관심을 갖고, 흉내내 본다.

활동자료 그림책 〈고양이는 나만 따라 해〉, 음악자료(나처럼 해봐요, 이렇게)

활동방법

① 그림책 〈고양이는 나만 따라 해〉를 읽고, 이야기 나눈다.
- 주인공은 누구일까?
- 주인공(아이, 고양이)의 이름을 지어주자.
- 고양이는 왜 ㅇㅇ의 행동을 따라할까?

② 한 사람은 주인공이 되고, 한 사람은 고양이가 되어 동작을 따라해 본다.
- ㅇㅇ와 고양이의 행동을 따라해 보자.
- 다른 동작도 따라해 볼까?
- 하품하는 모습, 낮잠 자는 모습도 흉내내보자.

추후활동 '나처럼 해봐요, 이렇게' 부르며 여러 가지 동작 만들어 보기

〈함께 보면 좋은 책〉
- 따라쟁이 나나, 치엔 인 글 · 그림, 임지영 옮김, 고래이야기, 2008
- 따라하지 마!, 베네딕트 게티에 글 · 그림, 배은주 옮김, 주니어파랑새, 1999
- 우리는 친구, 앤서니 브라운 글 · 그림, 장미란 옮김, 웅진주니어, 2008
- 나도 나도, 최숙희 글 · 그림, 웅진주니어, 2009

8. 부분 보고 전체 맞추기

무늬가 살아나요

유문조 글, 안윤모 그림, 천둥거인, 2002

동화내용

열린 창문으로 바람이 불어와 벽지의 꽃을 흔든다. 벽지의 꽃은 진짜 꽃이 되어 탐스러운 꽃망울을 터뜨리고, 꽃송이는 나비를 불러 오고 바람이 샤샤 소리를 내며 풀밭 사이를 스쳐 가면 얼룩말이 달려 오고, 물결 무늬를 흔들며 물고기 한 마리가 헤엄쳐 온다. 거북이, 앵무새가 살아 움직이고 바람은 구름을 몰고 오고 구름은 어느새 비를 뿌린다. 빗방울에 깜짝 놀란 무당벌레는 사라진 친구들을 찾는다. 무당벌레가 궁금해 하는 동물 친구들은 모두 조용히 벽면의 꽃무늬들과 어우러져 있다.

활동목표 사물의 부분과 전체에 대해 관심을 갖고 연관지어 맞출 수 있다.

활동자료 그림책 〈무늬가 살아나요〉

활동방법

① 영아와 그림책 〈무늬가 살아나요〉를 살펴보며 이야기 나눈다.
- 바람이 와서 흔들고 있네.
- 여기 풀 숲에는 누가 있을까?

② 영아와 함께 부분과 전체의 모습을 맞추어 본다.
- 그림책을 같이 넘겨 볼까?
- 이런 무늬가 있는 동물은 누구일까?
- 얼룩말이구나. 잘 맞추었네.

③ 동물의 모습을 보며 동물 흉내를 내본다.
- 얼룩말처럼 딸가닥 딸가닥 달려볼까?
- 말은 어떤 소리가 나지?

확장활동 간단한 조각 그림 맞추기(영아의 수준에 맞추어 퍼즐 조각의 수를 조절하여 활동해 본다)

정말 그럴까?

마리아 엔리카 아고스토넬리 글 · 그림, 한리나 옮김, 문학동네 어린이, 2003

동화내용

활활 타오르는 불꽃은 수탉의 볏이었고, 튤립 모양의 노란 꽃은 초록빛 앵무새의 부리임을 알게 된다. 험상궂게 생긴 아저씨는 예쁜 꽃을 들고 있고 둥근 지구처럼 보이지만 아저씨의 눈동자 모습이다.

활동목표 사물의 부분을 보고 전체의 모습을 연관지어 맞출 수 있다.

활동자료 그림책 〈정말 그럴까?〉

활동방법

① 영아와 그림책 〈정말 그럴까?〉를 읽고 이야기 나눈다.

- 여기 무슨 그림일까?
- 활활 타오르는 불꽃일까?

② 영아와 부분과 전체의 모습을 맞추어 본다.

- 그림책을 같이 넘겨 볼까?
- 불꽃이 아니라 닭의 볏이었네.
- 여기 노란 꽃이 있네. 다음 장을 넘겨 볼까?
- 앵무새의 부리구나. 앞 장을 다시 볼까?

두드려 보아요

안나 클라라 티돌름 글 · 그림, 사계절, 2007

동화내용

푸른 나무 밑에 있는 작은 집의 파란 문을 똑똑 두드리고 들어가면 꼬마 미카엘이 놀고 있고, 그 뒤에 빨간 문이 보인다. 그 빨간 문을 두드리고 들어가면 토끼 일곱 마리가 식사 중이고, 또 그 뒤에 초록 문을 두드리고 들어가면 원숭이들이 놀고 있다. 노란 문과 하얀 문을 지나서 다시 파란 문을 두드리고 문을 열면 집 밖의 달님을 만나게 된다.

활동목표 게임을 통하여 그림책의 구성 요소를 탐색한다.
주변 환경의 소리와 음악에 관심을 가진다.

활동자료 그림책 〈두드려 보아요〉, 깡통, 드럼, 막대

활동방법

① 영아와 함께 그림책 〈두드려 보아요〉를 읽고 이야기 나눈다.
- ㅇㅇ야, 선생님과 문이 있는 책을 읽어 볼까?
- 이 책 속에는 색깔 문이 있구나.
- 선생님이 파란 문을 '똑똑' 하고 두드려 볼게. 어떤 소리가 나니?
- 함께 문을 열어 볼까? 아기가 북을 치고 있네.
- 빨간 문 뒤에는 누가 숨어 있을까?

② 영아가 각기 좋아하는 그림책을 두드려 본다.
- 책을 두드려 보니 어떤 소리가 나니?
- 다른 책도 두드려 볼까? 어떤 소리가 날까?
- 책 마다 두드릴 때 소리가 다르네.

③ 노래에 맞추어 다양한 방법으로 책을 두드리며 노래를 부른다.
- 똑똑 두드리는 것 말고 또 어떻게 두드릴 수 있을까?
- 막대로 두드려 보자.
- 두드릴 수 있는 것에는 어떤 것이 있을까? (드럼, 북, 깡통, 장구 등)

확장활동 색깔책으로 활용한다.

〈함께 보면 좋은 그림책〉
· 집집마다 똑똑똑!, 멜라니 월시 글 · 그림, 시공주니어, 2006

10. 술래잡기

찾았다!

문승연 글 · 그림, 천둥거인, 2008

동화내용

야옹야옹 고양이와 팔랑팔랑 나비가 숨바꼭질 놀이를 한다. 나비는 커튼의 무늬, 화분의 꽃, 모빌의 새 날개에 숨고 고양이는 나비를 찾아다닌다. 고양이가 술래가 되어 눈을 감은 동안 나비는 리본이 되어 인형들 속에 숨는다.

활동목표 내 몸이 다른 사람에게 보이지 않도록 숨어 본다.

활동자료 그림책 〈찾았다!〉, 놀이집이나 까꿍 상자

활동방법

① 영아와 그림책 〈찾았다!〉를 읽고 이야기 나눈다.

- 고양이와 나비가 숨바꼭질을 하고 있네.
- 나비가 어디 숨어 있을까? 선생님과 같이 찾아볼까?
- 나비가 커튼에 숨었구나. 또 어디에 숨었을까?

② 놀이집이나 까꿍 상자 안에 교사가 숨어 영아의 이름을 부른다.

- 선생님과 숨바꼭질 놀이 해볼까?
- 선생님이 놀이집 안에 숨을게. 선생님 없다~ 까꿍!

③ 영아가 교사의 목소리를 듣고 교사를 찾으면 안아주며 격려한다.

- 까꿍! 선생님은 여기 있었어!
- 잘 찾는구나. 이번엔 ㅇㅇ가 놀이집 안에 숨으면 선생님이 찾아볼게.
- ㅇㅇ가 보이지 않네.... 찾았다! 여기 있구나.

확장활동 놀이터에 나가 큰 나무 뒤에 숨는 까꿍놀이를 할 수 있다.

〈함께 보면 좋은 그림책〉

- 숨었니? 숨었다!, 키모토 모모코 글 · 그림, 안미연 옮김, 아이세움, 2004
- 엄마랑 숨바꼭질, 캐런 카츠 글 · 그림, 이연승 옮김, 중앙출판사, 2007
- 달과 숨바꼭질, 프랭크 애시 글 · 그림, 김서정 옮김, 마루벌, 2007

11. 색깔을 찾아요

내가 좋아하는 것

앤서니 브라운 글 · 그림, 허은미 옮김, 책그릇, 2009

동화내용

아기 원숭이는 좋아하는 것이 많아요. 그림 그리기랑 자전거 타기, 장난감 갖고 놀기랑 옷 입기 놀이, 나무에 오르기도 좋아하고, 모래놀이, 물놀이도 좋아하고, 친구들과 함께 하는 시간들도 좋아하고, 예쁜 꿈을 꾸는 것도 좋아해요.

활동목표 그림책의 구성 요소를 탐색하고, 사물의 색깔을 구분한다.
자신이 좋아하는 것을 말할 수 있다.

활동자료 그림책 〈내가 좋아하는 것〉, 그림책 2권, 지시 카드, 색 스티커

활동방법

① 그림책을 보며 어떻게 구성되어 있는지 알아 본다.
- 그림책 제목은 무엇일까? 어떻게 알 수 있었니?
- 책 뒤에는 또 무엇이 있는지 볼까?
- 누가 나오는 책일까?

② 그림책 〈내가 좋아하는 것〉을 읽어 준다.
- 아기 고릴라가 좋아하는 것은 무엇이었니?
- 내가 좋아하는 것을 말해 볼까?

③ 그림책에서 색깔을 찾아보는 게임을 한다.
- 빨간색은 어디 있니? 손으로 짚어 보자.
- 그림책 안에서 같은 색깔이 있는 곳을 또 찾아보자.

④ 두세 명의 영아가 각기 그림책을 갖고 동시에 색깔을 찾아본다.
- 선생님이 들고 있는 카드는 무슨 색이니? (노란색)
- 이번엔 하나, 둘, 셋 하면 책을 펼쳐 보자.
- 펼쳐진 곳에 노란색이 있니?
- 노란색을 찾은 친구에게 노란 스티커를 붙여 주자.

참고사항

1. 지시 카드를 바꾸어 가며 게임을 진행할 수 있다.
   (가장 큰 숫자 찾기, 강아지가 있는 곳 펼치기 등)
2. 그림책 속 물건 교실 안에서 찾아보기 놀이를 할 수 있다.

12. 아빠와 함께 놀이해요

아빠하고 나하고 (쑥쑥 몸 놀이 2)
전래동요, 김성민 그림, 다섯수레, 1999

동화내용

전래동요에 맞추어 반대말 놀이, 아기가 아빠 발등에 발을 올려 놓고 걸음을 옮기는 놀이, 아빠 등에서 말타기 하는 놀이, 아빠와 함께 누워 이리저리 뒹구는 놀이 등 아빠와 함께 온몸을 움직여 놀아 본다.

활동목표 전래 동요를 즐겨 부르며 관련된 놀이를 한다.
몸을 다양하게 움직인다.

활동자료 그림책 〈아빠하고 나하고〉

활동방법

① 아빠와 그림책 〈아빠하고 나하고〉를 읽고 아빠와 할 수 있는 여러 가지 놀이를 해 본다.

- 아빠와 할 수 있는 놀이는 어떤 것들이 있을까? (맹꽁, 띠 띠고 신 신고, 어디까지 갈래, 말타기, 데굴데굴, 어디 어디 보이니 새 눈은 깜빡 등)
- 아빠하고 할 수 있는 다른 놀이는 어떤 것들이 있을까? (이거리 저거리 각거리, 아침 바람 찬바람에, 뚱딴지 사이소 등)

② 전래동요를 부르며 아빠와 함께 놀이해 본다.

□ 이거리 저거리 각거리

아빠와 서로 마주앉아 서로 엇갈려 다리를 쭉뻗고 놀이 노래를 부르면서 손으로 다리들을 한 쪽에서부터 차례차례 두드려 나가다가 이 노래 가사가 끝나는 순간에 짚게 되는 다리를 하나씩 차례차례 빼내기를 계속하여, 끝까지 남게 되면 이기는 게임.

이 거리 저 거리 각 거리 천사 만사 다 만사
조리 김치 장독간 총채 비 파리 딱
한 다리 두 다리 세 다리 인사 만사 주머니 끈
칠 팔월에 무 서리 동지섣달 대 서리
한 다리 두 다리 세 다리 너희 삼촌 어디 갔니
자전거를 고치러 오꽁조꽁 부지 깽

〈함께 보면 좋은 그림책〉

- 정순희, 도리도리 짝짜꿍, 다섯수레, 1998
- 체조는 즐거워요, 나카가와 리에코 글, 야마와키 유리코 그림, 엄기원 옮김, 한림출판사, 2001
- 움직여요, 헬린 옥슨버리 글 · 그림, 비룡소, 2003

13. 동물 흉내 놀이

아장아장 걷다가

허은미 글, 이혜리 그림, 아이세움, 2001

동화내용

아기가 거북이, 오리, 토끼, 타조를 만나서 아장아장 걷다가 커다란 호랑이를 만나 깜짝 놀라서 거북이는 엉금엉금 기고, 오리는 뒤뚱뒤뚱 걷고, 토끼는 깡충깡충 뛰고, 타조는 겅중겅중 걷다가, 호랑이를 만나서 깜짝 놀라 다시 집으로 허겁지겁 같이 따라왔던 동물들 흉내를 내며 되돌아와 숨을 내쉰다.

활동목표 동물의 움직임에 관심을 갖고, 흉내말을 익히며, 신체를 움직인다.

활동자료 그림책 〈아장아장 걷다가〉, 동물 머리띠

활동방법

① 그림책 〈아장아장 걷다가〉를 영아와 같이 보며 이야기 나눈다.
- 여기 거북이가 있네.
- 거북이가 어디를 가고 있니?

② 동물들의 움직임을 흉내 내며 따라해 본다.
영아가 흉내낼 때 '엉금엉금, 뒤뚱뒤뚱, 깡충깡충, 겅중겅중' 등의 흉내말을 반복해서 말해 준다.
- 오리가 뒤뚱뒤뚱 걸어가는구나.
- 거북이처럼 엉금엉금 기어볼까?

③ 다른 동물들의 움직임도 흉내말과 함께 흉내내 본다.
- 또 어떤 동물 흉내를 내볼까?
- 코끼리는 어떻게 걸어가지?
- 코끼리는 '쿵쿵' 걸어가는구나.

④ 3~4 명의 영아가 역할에 맞는 동물 머리띠를 하고 동물 흉내를 내본다.

확장활동

- 교사가 '토끼', '오리', '거북이', '타조', '호랑이' 라고 말하면 유아들이 교실이나 운동장 한 쪽 끝에서 저 끝까지 걷거나, 게임 형식으로 진행하여 빨리 도착한 사람이 이기는 게임을 할 수 있다.
- 각 동물들의 특징, 생김새, 사는 곳, 먹이 등을 알아본다.

〈함께 보면 좋은 그림책〉

- 아장아장 걸음마, 조 신타 지음, 이선아 옮김, 보림, 2007
- 구두구두 걸어라, 하야시 아키코, 한림출판사, 1990
- 오리처럼 뒤뚱뒤뚱, 이은수 글, 정순희 그림, 다섯수레, 1998
- 고양이, 현덕 글, 이형진 그림, 길벗어린이, 2000

14. 산책을 해요

유모차 나들이

미셸 게 지음, 최윤정 옮김, 비룡소, 1999

동화내용

엄마랑 유모차 나들이를 나온 아기가 엄마가 책을 보고 있는 사이 잠깐 잠이 들었다가 나비 때문에 깬다. 깨어난 아기는 유모차에 나비, 개구리, 거위, 고양이, 여우, 곰을 차례로 태워 준다. 그러는 중에 아기가 깜빡 졸음을 못 이겨 잠들었다가 깨어보니 동물들이 전부 없어져서 울기 시작한다. 이 때 사라졌던 동물들이 하나 둘 모여들면서 아기를 유모차에 태워 엄마에게 데려다 준다. 그리고 아기는 다시 엄마와 유모차를 타고 산책을 가고, 뒤를 돌아보며 동물 친구들에게 손을 흔들어 인사를 한다.

활동목표 주변 자연 환경에 호기심을 갖고 자연과 더불어 놀이한다.
친구들과 함께 나들이하며, 즐겁게 놀이한다.

활동자료 그림책 〈유모차 나들이〉, 장난감 유모차, 동물 인형, 우유병

활동방법

① 영아와 함께 그림책을 보며 이야기 나눈다.

- 아기가 유모차를 타고 나들이를 가네.
- 유모차를 타 보았니? 언제 타 보았니?
- 유모차는 언제 타는 걸까?

② 장난감 유모차에 인형을 태우고 역할놀이를 해본다.

- 아기가 유모차에 태워 준 동물 친구는 누가 있었지?
  (나비, 개구리, 거위, 고양이, 여우, 곰)
- 더 태워 주고 싶은 친구는 누구니?
- 유모차에 탄 고양이에게 우유를 먹여 볼까?
- 동물들을 유모차에 태워 주고 밀어 보자.
- 유모차에는 무엇을 실을 수 있을까?

③ 바깥에 나가서 산책하며, 느낌을 이야기해 본다.

- 우리도 유모차를 타고 동네 나들이 가 볼까?

- 햇볕이 따뜻하구나.
- 와, 여기 꽃이 피었네.
- 새가 나무에 앉아 있구나. 안녕 하고 인사해 보자.

추후활동 장난감 유모차에 인형을 태우고 반환점 돌아오기 게임을 할 수 있다.

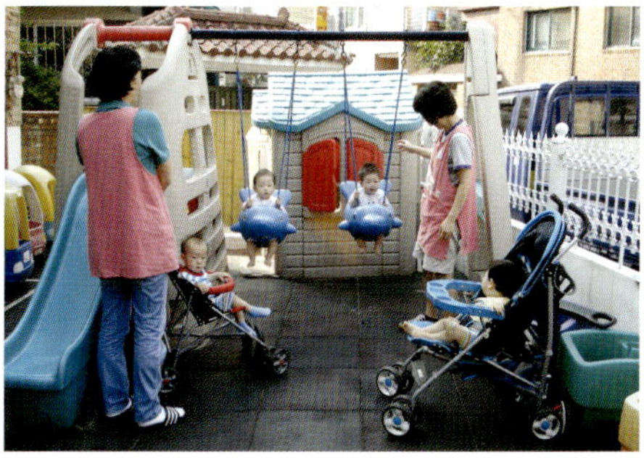

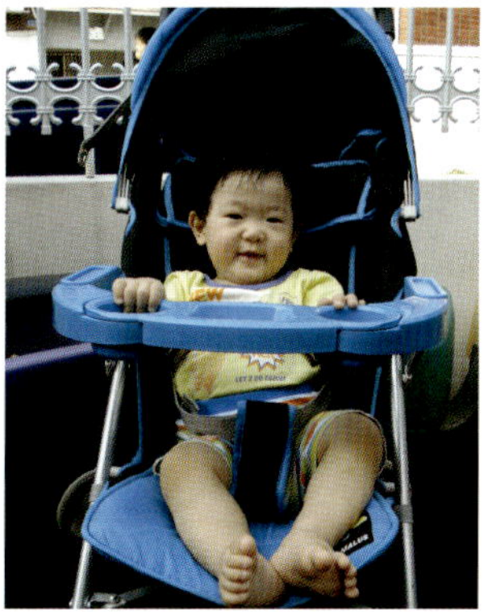

〈함께 보면 좋은 그림책〉

- 산책을 해요, 다카코 히로노 글 · 그림, 엄기원 옮김, 한림출판사, 2002
- 구두구두 걸어라, 하야시 아키코 글 · 그림, 한림출판사, 1990

그림책 목록
– 영아를 위한 활동

- **도리도리 짝짜꿍** 이상교 글, 최숙희 그림, 사파리, 2008
- **뭐하니?** 유문조 글, 최민오 그림, 천둥거인, 2005
- **열두 띠 동물 까꿍 놀이** 최숙희 글 · 그림, 보림, 2003
- **난 그림책이 정말 좋아요** 아니타 제람 글 · 그림, 이상희 옮김, 베틀북, 2002
- **나는 책이 좋아요** 앤서니 브라운 글 · 그림, 허은미 옮김, 책그릇, 2009
- **아기 오리는 어디로 갔을까요?** 낸시 태퍼리 글 · 그림, 박상희 옮김, 비룡소, 1999
- **금붕어가 달아나네** 고미 타로 글 · 그림, 엄기원 옮김, 한림출판사, 2003
- **누가 숨겼지?** 고미 타로 글 · 그림, 김난주 옮김, 비룡소, 2002
- **배를 타고** 스키야마 카나요 글 · 그림, 엄기원 옮김, 한림출판사, 2002
- **고양이는 나만 따라 해** 권윤덕 글 · 그림, 창비, 2005
- **무늬가 살아나요** 유문조 글, 안윤모 그림, 천둥거인, 2002
- **정말 그럴까?** 마리아 엔리카 아고스토넬리 글 · 그림, 한리나 옮김, 문학동네어린이, 2003
- **두드려 보아요** 안나 클라라 티톨름 글 · 그림, 사계절, 2007
- **찾았다!** 문승연 글 · 그림, 천둥거인, 2008
- **내가 좋아하는 것** 앤서니 브라운 글 · 그림, 허은미 옮김, 책그릇, 2009
- **아빠하고 나하고 (쑥쑥 몸놀이 2)** 전래동요, 김성민 그림, 다섯수레, 1999
- **아장아장 걷다가** 허은미 글, 이혜리 그림, 아이세움, 2001
- **유모차 나들이** 미셸 게 지음, 최윤정 옮김, 비룡소, 1999

II. 유아를 위한 활동

1. 주인공을 찾아주세요

나는 책이 싫어!

맨주샤 퍼워기 글, 린 프랜슨 그림, 이상희 옮김, 풀빛, 2003

동화내용

미나네 엄마 아빠는 날마다 책을 빌려 오거나 사 와서 집 안엔 온통 책뿐이지만, 미나는 책을 쳐다보지도 않는다. 어느 날, 고양이 맥스가 높은 책 더미 위에서 내려오지 못하고 울고 있자, 맥스를 구하려고 미나가 책 더미를 오르는데 책 더미가 와르르 무너지고 무너진 책 속에서 튀쳐나온 등장인물들과 동물들로 인해 집 안은 난장판이 되고 만다.

미나는 어떻게든 등장인물들을 다시 책 속으로 집어넣어 보려 하지만, 어느 책에서 나왔는지 알 수가 없다. 미나가 책을 한 권 한 권 읽어 나가자, 동물들도 하나 둘 책 속으로 사라진다. 미나의 부모님은 방 한가운데서 책을 읽는 미나를 보고 무척 놀란다.

활동목표 이야기를 주의 깊게 듣고, 이야기에 맞는 주인공을 변별할 수 있다.
책 보는 것을 즐기고 책을 소중하게 다룬다.

활동자료 그림책 〈나는 책이 싫어!〉, 공주가 나오는 동화책 5~7권, 주인공(등장인물) 그림자료.

활동방법

① 그림책 〈나는 책이 싫어!〉를 읽고 주인공은 누구인지 이야기 나눈다.

- 이 그림책에서 주인공은 누구일까?
- 왜 그렇게 생각했니? 어떻게 알 수 있었니?
- 공주가 나오는 다른 책은 어떤 것이 있을까?
- 그림책에 나온 동화 중 아는 이야기가 있으면 친구들에게 소개해 주자.
  (아기돼지 세 마리와 늑대, 이상한 나라의 앨리스, 빨간 모자, 피터 래빗 등)

② 특징적인 주인공들의 그림을 보여 주며 비교해 보고, 어느 그림책에서 나온 것인지 찾아본다.

- 주인공들을 보면 누구인지 알 수 있겠니? 서로 어떻게 다르니?

- 주인공을 잘 모르면 어떻게 찾으면 될까?
  (그림책에서 주인공을 이야기하는 장면을 찾아 읽어 본다.)
- 이야기만 듣고 주인공을 찾아낼 수 있을까? 어떻게 찾아내면 될까?
- 어느 그림책에서 나온 것일까?
- 그림책에서 공주가 나오는 장면을 찾아보자.

③ 그림책 중에서 찾아보고 싶은 것을 정해 찾아보고, 친구들에게 소개하는 시간을 갖는다.

- 또, 어떤 주인공이 나오는 그림책을 찾아볼까?
  (왕자, 늑대, 물고기, 도깨비, 괴물, 개구리 등이 나오는 책)

④ 우리나라 전래동화(옛날이야기)에서 주인공을 찾아보자.

- 우리나라 전래동화에는 어떤 것이 있을까?
- 주인공으로 많이 등장하는 것은 어떤 것이니?
  (할머니, 할아버지, 임금님, 신령님, 도깨비 등)

추후활동 3~4명이 그룹별로 주인공을 정하여 찾기 게임을 할 수 있다.

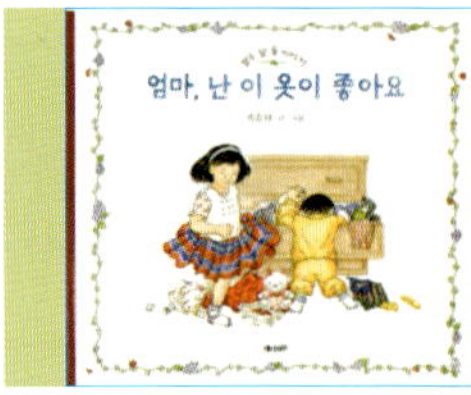

엄마, 난 이 옷이 좋아요 – 열두 달 옷 이야기

권윤덕 글 · 그림, 재미마주, 1998

동화내용

일 년을 열두 달로 나누어 다달이 언제나 입고 있는 옷에 얽힌 사연과 추억을 되새겨 보는 그림책이다. 1월에는 따뜻한 오리털 파카, 2월에는 설빔 색동 저고리, 3월에는 헌 옷을 잘라 만든 빨간 바지, 4월에는 토끼그림 티셔츠, 5월에는 분홍 드레스에 날개를 달아 만든 천사 옷, 6월에는 내 친구가 입으면 나도 꺼내 입는 부채 치마, 7월에는 우산이 필요 없는 비닐 점퍼, 8월에는 꽃무늬 수영복, 9월에는 우리 겨레 옷, 10월에는 칠부 바지, 11월에는 내복, 12월에는 우단 원피스 등 옷의 종류와 쓰임새, 장신구가 소개되어 있다.

활동목표 책 보는 것을 즐기고 책을 소중하게 다룬다.
계절과 장소에 맞는 옷차림을 알고, 옷차림을 바르게 한다.

활동자료 그림책 〈엄마, 난 이 옷이 좋아요〉, 여러 종류의 옷 그림자료.

활동방법

① 그림책 〈엄마, 난 이 옷이 좋아요〉를 읽고 이야기 나눈다.
- 선물 받은 옷 (동생에게 물려준 옷, 엄마가 고쳐준 옷)이 있니?
- 언제, 누구에게서 받은 옷인지 소개해 보자.
- 내가 좋아하는 옷, 신발, 장신구를 찾아보자.

② 계절과 용도에 따른 옷의 이름과 쓰임새에 대해 알아본다.
- 설빔(내복, 수영복 등)은 언제 입는 옷일까?
- 내가 입은 설빔은 어떤 색, 어떤 모양인지 소개해 보자.
- 설빔을 입을 때 장신구와 신발은 어떤 것이었니?

③ 여러 종류의 옷 그림 자료를 보고 그림책에서 찾아본다.
- 꽃무늬 수영복 (댕기, 남바위, 방수 장갑, 빨강 부츠 등)의 그림자료를 보고 어느 달에 있던 옷인지, 그림책 속에서 누가 입고 있었는지 찾아본다.

추후활동 〈나의 12달 옷〉책 만들기 – 계절에 맞는 옷을 잡지책에 오려 붙이거나 그려서 꾸민다.

만희네 집

권윤덕 글 · 그림, 길벗어린이, 1995

동화내용

만희네는 좁은 연립 주택에 살다가 꽃과 나무가 많은 할머니네 양옥집으로 이사 온다. 할머니 댁에는 꽃으로 가득한 울타리와 대문, 오래된 물건들이 많은 할머니 할아버지가 쓰시는 안방, 부엌, 과일이나 쌀을 보관하는 광, 된장, 간장 항아리가 그득한 장독대, 이불 빨래 등을 널어둘 수 있는 예쁜 꽃들이 가득한 마당, 옥상이 있다. 만희는 엄마를 따라 옥상이나 장독대에서 놀기도 하고, 아빠 방에 있는 책들을 보기도 하고, 할아버지 할머니 그리고 강아지들과 함께 하루 종일 집안을 돌아다니며 놀다가 밤이 되자 따사로운 햇볕 아래 널어두었던 이불에서 햇볕 냄새를 맡고 잠이 든다.

활동목표 한 가지 기준에 따라 자료를 분류하고 설명할 수 있다.
자신의 느낌을 적절한 어휘를 사용하여 말할 수 있다.

활동자료 그림책 〈만희네 집〉 2~3권, 종이, 싸인펜.

활동방법

① 그림책 〈만희네 집〉을 읽고, 이야기 나눈다.

- '만희네 집' 같은 옛날 주택을 본 적이 있니?
- 만희가 전에 살던 연립주택과 이사 간 할머니 댁은 어떻게 다르니?
- 만희는 새로 이사 간 집에 들어갔을 때 어떤 기분이었을까?

② 만희가 새로 살게 된 집의 구조와 방의 쓰임새를 알아본다.

- 만희네 집의 마당에 핀 꽃의 이름은 무엇일까?
- 안방은 누가 쓰는 방일까?
- 안방에서 옛날에 쓰던 물건은 무엇이 있는지 찾아보자.
- 다음 소개될 방은 어딜까? 어떻게 알 수 있었니?
- 맨 뒷장에 나와 있는 집의 전체 조감도를 보고 방을 찾아볼까?

③ 그림책을 자세히 살펴보고, 무엇이 숨어있는지 이야기해 본다.

- 이 그림책에서는 어떤 찾기 놀이를 할 수 있을까?
  (강아지 찾기, 안 표지에서 이삿짐 트럭 찾기, 만희의 신발 찾기 등)
- 부엌(목욕탕) 안에 있는 물건 이름을 전부 종이에 써보자.

확장활동 우리 집의 조감도 그리기, 〈우리 집〉 소개 책 만들기

참고사항 〈만희네 집〉 그림책 3권을 그룹별로 나누어 보며 찾기 놀이를 게임으로 진행할 수 있다.

2. 똑바로 보고 거꾸로 보고

기묘한 왕복여행

앤 조나스 글 · 그림, 이지현 옮김, 아이세움, 2003

동화내용

조용한 새벽 우리는 집을 떠나 거리를 지나고 밭고랑을 지나고 밀밭이며 숲 속으로 난 오솔길을 돌아 고속도로를 달린다. 파도가 높고 물살이 센 바다를 향해 달리는 차는 습지를 지나고 여름 별장지를 지나 드디어 도시로 향한다. 다리를 건너 도시로 들어간 우리는 지하철도 타고 영화도 본다. 가장 높은 건물 꼭대기에 올라 아래를 내려다 보기도 하고, 해가 지는 모습을 보며 집에 갈 준비를 한다.

이제 책을 거꾸로 돌려 높은 건물을 내려와 그 건물을 올려다 보고, 식당으로 가 식사를 한다. 주차장으로 가서 다시 차를 몰고 도시를 떠나 집으로 돌아온다.

활동목표 생활 주변의 사물과 현상에 대해 호기심을 가진다.
사물을 주의 깊게 관찰하며, 창의적으로 사고한다.

활동자료 그림책 〈기묘한 왕복여행〉, 거꾸로 볼 수 있는 그림책 2~3권

활동방법

① 유아들과 여행 다녀온 경험에 대해 이야기 나눈다.
- '왕복 여행'은 어떤 것일까?
- 여행을 다녀온 친구가 있니?
- 여행한 곳을 친구들에게 소개해 보자.

② 그림책 〈기묘한 왕복여행〉을 읽고, 느낌을 이야기해 본다.
- 그림책을 읽어보니 어떤 느낌이 드니?
- 다른 그림책과 다른 점은 무엇이니?
  (주인공이 나오지 않는다, 검은색과 하얀색만 있다, 거꾸로 볼 수 있다)
- 똑바로 읽은 책의 내용은 무엇이니?
- 거꾸로 보니 어떤 그림책이 되었니?

③ 거꾸로 사용할 수 있는 그림이나 물건을 찾아본다.
- 어떻게 하면 사물이 거꾸로 보일까?

(책을 돌려서 보기, 물구나무 서기, 몸을 숙여 다리 사이로 보기)

- 똑바로 보아도 거꾸로 보아도 같은 물건은 어떤 것이 있을까?
  (공, 문, 거울, 고무줄, 모래시계, 줄넘기 등)
- 거꾸로 볼 수 있는 다른 그림책을 읽어보자.

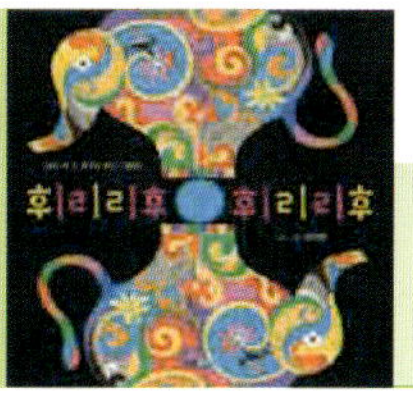

휘리리후 휘리리후

한태희 글 · 그림, 웅진주니어, 2006

동화내용

아이가 카드놀이를 하려는데 가장 좋아하는 카드가 없어져서 시장으로 카드를 사러 간다. 카드를 사러가는 도중에 강아지 세 마리, 할아버지를 만나고 아이스크림 가게 등을 보게 된다. 하지만 시장에도 그 카드는 없고 어느 순간 마법사가 나타나 '휘리리후~' 라는 주문을 외우라고 하며 작은 상자를 내민다. 주문을 외우자, 작은 계단이 나타나고 아이는 거꾸로 나라에서 카드를 찾아 다시 집에 돌아온다.

활동목표 거꾸로 사용할 수 있는 말을 생각해 보고, 말놀이를 즐긴다.

활동자료 그림책 〈휘리리후 휘리리후〉

활동방법

① 그림책 〈휘리리후 휘리리후〉의 겉표지를 보며 이야기 나눈다.
- 그림책 표지의 그림은 무엇이니?
- 표지를 거꾸로 돌려서 보면 어떻게 보이니?
- 그림책의 제목 '휘리리후 휘리리후' 를 거꾸로 돌려서 읽어 보자.

② 그림책을 읽고, 내용에 대해 이야기 나눈다.
- '휘리리후 휘리리후' 는 무슨 말이니?
- 속표지에 나오는 여러 장의 그림을 살펴보자. 무슨 그림일까?
- 거꾸로 나라에는 무엇이 있을까?

③ 거꾸로 사용할 수 있는 물건이나 글자를 찾아본다.
- 어떻게 하면 사물이 거꾸로 보일까?
  (책을 돌려서 보기, 물구나무 서기, 몸을 숙여 다리 사이로 보기)
- 똑바로 읽어도 거꾸로 읽어도 같은 글자를 찾아보자.
  (근, 늑, 를, 믐, 응, 등)
- 똑바로 읽어도 거꾸로 읽어도 같은 문장을 만들어보자.
  - 기특한 특기
  - 나가다 오나 나오다 가나
  - 다 가져가다
  - 다 같은 것은 같다

- 다들 잠들다
- 다리 그리고 저고리 그리다
- 다시 갑시다
- 다시 합창 합시다
- 다 이뿐이 뿐이다
- 다 좋은 것은 좋다
- 다 큰 도라지일지라도 큰다
- 아 좋다 좋아
- 야 이 달은 밝은 달이야
- 여보게 저기 저게 보여
- 자꾸만 꿈만 꾸자
- 짐 사이에 이사짐

확장활동 · 같은 카드 그림 짝짓기 : 속표지의 카드 24장을 컬러 복사하여 만든다.

〈함께 보면 좋은 그림〉

- 거꾸로 박쥐, 진 윌리스 글, 토니 로스 그림, 최재숙 옮김, 국민서관, 2007
- 거꾸로 임금님, 안노 미쓰마사 글 · 그림, 고향옥 옮김, 비룡소, 2006
- 바로 또 거꾸로, 앤 조나스 글 · 그림, 이상희 옮김, 비룡소, 2005
- 이상한 그림책, 안노 미쓰마사 그림, 비룡소, 2006

3. 숨은 그림 찾기

동강의 아이들

김재홍 글 · 그림, 길벗어린이, 2000

동화내용

장날, 깨랑 콩이랑 팔아 순이 색연필도 사고 동이 운동화도 사주신다며 어머니는 머리에 보따리를 이고 장터로 가셨다. 오빠 동이는 어린 순이를 동강 가에서 긴긴 나절 데리고 논다. 그러면서 오누이는 큰 새와 아기 곰에게 엄마가 어디까지 왔는지 묻기도 하고, 물 수제비를 뜨기도 하고, 공룡에 놀라 달아나기도 하고, 탄광 가신 아빠도 동강의 바위에서 장에 가신 엄마도 동강에서 만나면서 논다. 동이는 칭얼대는 동생을 업고 달래며 엄마를 기다린다. 어느새 해님이 산 너머로 넘어갈 즈음 드디어 엄마는 저 모래밭을 자박 자박 걸어오고 계신다. 동이와 순이는 환하게 웃으면서 엄마에게 달려간다.

활동목표 게임을 통하여 책 속에 있는 여러 상징을 변별할 수 있다.
책의 내용을 이해하고, 즐겁게 읽을 수 있다.

활동자료 그림책 〈동강의 아이들〉

활동방법

① 그림책 〈동강의 아이들〉의 표지 그림을 보고 그림책의 내용을 추측해 본다.
- '동강' 은 어떤 곳일까?
- 어떤 이야기의 그림책일 것 같니?
- 그림책에는 누가 나올 것 같니?

② 그림책의 표지에 있는 그림을 살펴보며 제목, 저자, 삽화가, 출판사에 대해서 이야기 나눈다.

③ 그림책을 함께 읽어보고, 느낌과 감정, 그림책의 내용에 대해 이야기 나눈다.
- 동강의 모습을 보니 어떤 느낌이 들었니?
- 동이와 순이가 장터에서 돌아오는 엄마를 만났을 때 어떤 느낌이 들었니?

④ 숨은 그림이 있는 장면을 보며 숨은 그림을 함께 찾아본다.

➡ 오누이 (그림책을 오른쪽으로 90° 돌려 세워서 본다)

숲 속에서

김재홍 글 · 그림, 길벗어린이, 2000

동화내용

서울서 내려온 샘이는 냇가에서 노는 동네 아이들과 어울리지 못하고 그냥 집으로 돌아온다. 마당에 앉아 그림을 그리는데 갑자기 소나기가 쏟아진다. 소나기가 지나간 뒤 다시 냇가에 가보지만 냇가에는 아무도 없고 아름다운 새소리에 이끌린 샘이는 숲 속으로 발을 옮긴다. 숲속에서 새를 찾아 숨바꼭질을 하던 샘이는 젖은 돌에 미끄러져 넘어져 울고 만다. 그때 아까 만났던 아이들이 다가오고 아이들은 친구가 되어 신나게 놀 것을 약속하며 함께 내를 건넌다.

활동목표 게임을 통하여 책 속에 있는 여러 상징을 변별할 수 있다.
책의 내용을 이해하고, 즐겁게 읽을 수 있다.

활동자료 그림책 〈숲 속에서〉

활동방법

① 그림책 〈숲 속에서〉를 읽고, 책에 대해 이야기 나눈다.

- '숲 속' 에 가 본 적이 있니? 언제, 누구와 갔었니?
- 숲 속에는 어떤 것들이 있을까?
- 그림 속에 어떤 것들이 숨어 있을까?

② 내 별명을 소개해 보고, 다른 친구들의 별명을 지어본다.

- 샘이의 친구들은 어떤 별명을 가지고 있니?(개구리 사촌, 깜장콩, 메주콩)
- 왜 그런 별명을 갖게 되었을까?
- 자기 별명이 있는 친구가 있니? 친구들에게 소개해 볼까?
- 마음에 드는 내 별명과 친구 별명을 지어보자.

아슬아슬한 여행

앤 조나스 글 · 그림, 이상희 옮김, 비룡소, 2004

동화내용

아침에 문 앞에서 엄마는 아이에게 학교에 혼자 갈 수 있을 만큼 컸으니 이제부터 학교에 데려다 주지 않겠다고 한다. 그런데 자신이 밀림 속에 살고 있다고 믿는 아이는 탐험가 옷을 입고 위험한 여행을 떠날 채비를 하고, 집 밖을 나선다. 집에서 학교 가는 길은 곳곳에 온갖 밀림에 사는 동물들로 가득하다. 아이는 밀림을 헤치고 학교에 도착하기까지 아슬아슬한 여행을 하게 된다.

활동목표 게임을 통하여 책 속에 있는 여러 상징을 변별할 수 있다.
관심 있는 동물들의 특성을 알아본다.

활동자료 그림책 〈아슬아슬한 여행〉

활동방법

① 그림책 〈아슬아슬한 여행〉을 읽고, 책에 대해 이야기 나눈다.
- 주인공 아이의 이름은 무엇일까?
- ○○의 빨간 가방 속에는 무엇이 들어있을까?
- 여행갈 때 필요한 물건은 어떤 것이 있을까?

② 그림책 속에 숨어 있는 여러 동물들의 이름과 특성에 대해 알아본다.
- 그림책 속에 숨어있는 동물들을 찾아보자. 어디에 숨어 있니?
- 더 찾아낼 수 있는 동물이 있니?
- 우리가 처음 보는 동물들, 잘 모르는 동물들에 대해 알아보자. (알파카, 호저, 야크, 화식조, 천산갑 등)

〈함께 보면 좋은 그림책〉
- 숲 이야기, 안노 미쯔마사 그림, 한림 출판사, 2001
- 앵무새 열 마리, 퀸틴 블레이크 글 · 그림, 장혜린 옮김, 시공주니어, 2001

4. 보물찾기 놀이

오늘은 무슨 날?

테이지 세타 글, 하야시 아키코 그림, 한림출판사, 2000

동화내용

슬기는 어느 날 10개의 종이쪽지에 편지를 쓰고 하나하나 예쁜 빨간 리본으로 묶어 집 안 곳곳 숨겨두고 엄마에게 찾아보도록 한다. 엄마는 슬기가 숨겨놓은 편지를 찾아 내용을 읽어보고 그 지시대로 편지를 찾아나간다. 아홉 번째 편지를 찾을 수 없어 포기하려던 엄마는 편지꽂이에서 슬기의 편지를 찾아내고, 저녁에 가족이 모여앉아 열 개의 상자를 차례로 열어 슬기의 선물을 본다. 슬기의 보물찾기 편지 열장을 모두 모아 첫 글자를 읽어보니 〈엄마, 아빠 결혼기념일 축하〉라는 편지가 되고 아빠, 엄마는 슬기에게 귀여운 강아지를 선물한다.

활동목표 책의 내용을 이해하고, 동화책을 즐겁게 읽을 수 있다.

활동자료 그림책 〈오늘은 무슨 날?〉, 보물찾기 종이, 싸인펜

활동방법

① 그림책 〈오늘은 무슨 날?〉을 읽고 슬기가 숨겨놓은 편지를 읽어본다.
- '결혼기념일' 은 어떤 날일까?
- 슬기는 편지와 선물을 왜 숨겼을까?
- 슬기가 숨겨 놓은 열 개의 편지를 하나씩 읽어보자.
- 슬기가 처음 숨긴 것은 무엇이었니?
- 아빠의 양복주머니에 넣은 편지부터 순서대로 다시 읽어보자.

② 그림책에 나온 여러 장면을 보며 그 때의 감정을 이야기 나눈다.
- 슬기가 오늘은 무슨 날인지 엄마에게 물었을 때
- 슬기의 아홉 번째 편지를 찾지 못했을 때
- 선물을 받았을 때
- 열 장의 편지를 모두 맞춰보았을 때

③ 보물찾기 놀이에 필요한 것들을 이야기해 보고, 만들어 본다.
- 우리도 보물찾기 놀이를 해볼까?
- 누구를 깜짝 놀라게 하고 싶니?

- 어떤 축하의 말을 해줄까? (고마워, 축하합니다, 참 잘 했어요 등)
- 선물은 무엇으로 하면 좋을까?
- 첫 글자가 들어가는 말로 짧은 글을 지어보자.

④ 편지에 순서를 정하고, 숨길 곳을 써 넣는다.

- 어디에 숨기면 좋을까?
- 보물을 숨긴 곳을 첫 글자가 들어가는 말로 설명해 준다.
- 처음부터 순서대로 읽어보면서 내용을 다시 확인해 본다.

⑤ 보물을 숨기고 보물찾기 놀이를 한 다음 놀이를 평가한다.

- 보물찾기 놀이를 해보니까 어땠니?
- 너무 찾기 어렵지는 않았니?
- 어떻게 하면 다음에 더 재미있는 보물찾기를 할 수 있을까?

참고사항
- 익숙해지면 편지의 수를 늘려 나간다.
- 글씨 대신 그림을 그려 비밀편지를 만들 수도 있다.

확장활동 어버이날 엄마, 아빠께 드릴 선물을 만들어 보물찾기 놀이를 할 수 있다.

수수께끼 생일 편지

에릭 칼 글 · 그림, 이기경 옮김, 더큰컴퍼니, 2005

동화내용

생일 전날 팀은 부모님에게 글씨보다는 그림이 아주 많은 카드를 받는다. 팀은 카드를 해독해가면서 선물을 찾으러 떠난다. 팀은 그림 카드 속에 제일 먼저 나와 있는 달이 뜬 밤에 가장 큰 별을 찾아서 바위 밑에 보이는 동굴 입구로 들어가서 계단을 내려간다. 그리고나서 문을 열고 그 안에 있는 사다리를 타고 올라가서 부모님이 준비해 준 생일 선물을 받는다.

활동목표 책의 그림을 단서로 추측하여 읽는다.
책 보는 것을 즐기고, 책을 소중하게 다룬다.

활동자료 그림책 〈수수께끼 생일편지〉, 편지지, 싸인펜, 색연필.

활동방법

① 그림책 〈수수께끼 생일편지〉를 읽고 팀의 편지에 대해 이야기 나눈다.
- 생일 전날 팀이 받은 편지를 읽어보자.
- 그림 편지를 전부 읽어 보니 어떤 내용이었니?
- 이 편지는 누가 보낸 것이었니?
- ○○도 이런 편지를 받은 적이 있니?

② 그림책에 나온 여러 장면을 보며 팀의 감정을 이야기 나눈다.
- 베개 밑에 있는 편지를 발견했을 때
- 수수께끼 편지를 보고 선물을 찾아갈 때
- 생일 선물을 찾았을 때

③ 수수께끼 비밀편지를 만들어 보물찾기 놀이를 해본다.
- 우리도 보물찾기 놀이를 해볼까?
- 누구를 깜짝 놀라게 하고 싶니?
- 수수께끼 편지는 어디에 숨기면 좋을까?
- 선물은 무엇으로 할까?
- 선물을 숨길 장소를 어디로 할까?

잭이 지은 집에서 도대체 무슨 일이 일어났을까?*

심스 태백 글 · 그림, 조은수 옮김, 베틀북, 2004

동화내용

잭이 지은 집에 고린내 솔솔 나는 체다 치즈가 놓여 있다. 생쥐가 나타나 치즈를 날름 먹어 버렸고, 고양이는 치즈를 날름 먹은 생쥐를 '앙' 물어 죽인다. 그 고양이를 꾸불꾸불 뿔 달린 암소가 와락 받아 버린다. 그 암소의 젖을 외톨이 아가씨가 짜고, 외톨이 아가씨에게 누더기 아저씨는 살짝꿍 뽀뽀를 한다. 수염을 말끔히 깎은 판사, 아침이면 꼬끼오 우는 수탉, 옥수수 씨앗을 뿌리는 농부가 나타나고, 마지막에는 이 이야기를 만든 작가 '심심한 태백산이 떠오르는 이름' 심스 태백이 나온다.

활동목표 책에 흥미를 가지고 그림책을 즐겨 본다.
여러 가지 말놀이를 즐긴다.

활동자료 그림책 〈잭이 지은 집에서 도대체 무슨 일이 일어났을까?〉, 신문, 잡지 책, 풀, 가위, 도화지

활동방법

① 그림책 〈잭이 지은 집에서 도대체 무슨 일이 일어났을까?〉를 읽고, 이야기의 내용을 회상한다.

- 잭이 지은 집에는 무엇이 있었니?
- 그 치즈를 누가 먹었을까?
- 치즈를 먹은 생쥐는 어떻게 되었지?
- 의문의 사나이는 누굴까?

② 그림책의 앞, 뒤표지를 읽고, 저자에 대해서 이야기 나눈다.

- 앞, 뒤표지의 여러 종류의 집의 이름을 읽어보자.
  ('창이 아름다운 집', '경치가 끝내주게 좋은 집', '300년 전에 지은 집' 등)
- 이 책을 만든 사람은 누굴까? (뒤죽박죽 화가)

* 저작권 계약 만료로 베틀북에서 더 이상 출간되지 않으므로 『아빠에게 가는 길』(베틀북)로 대체해서 쓸 수 있음.

- 어떻게 알게 되었니?
- 뒤죽박죽 화가는 누굴까?
- 이 책의 지은이 '심스 태백' 에게 하고 싶은 말이 있니?

③ 유아들과 문장을 계속 덧붙여 가는 말놀이를 해본다.

- '잭이 지은 집에는 사과가 있었대' 로 바꾸어 말놀이를 해볼까?
- 그 사과가 어떻게 되었을까?
- '잭이 지은 집에는 사과가 있었대. 그 사과를 돼지가 먹었대…'

④ 유아들이 말한 문장을 적어주고 그림을 그려 책으로 만들어 볼 수 있다.

확장활동
- 작업 : 콜라쥬 책 만들기(글자 오려 붙이기) : 신문이나 잡지에서 글자를 오려붙이고 그 글자로 시작하는 문장을 만들어 본다.
- 그림책의 앞 표지에 있는 여러 종류의 집의 이름을 지어볼 수 있다.

시리동동 거미동동

권윤덕 글 · 그림, 창비, 2003

동화내용

시리동동 거미동동은 제주도 말 잇기 노래인 꼬리 따기 노래이다. 여자아이가 집 안에 놓인 바구니에서 삶은 감자를 들고 집 밖으로 나와 토끼와 왕거미의 거미줄을 보고 말 잇기 노래를 한다.

왕거미의 거미줄은 하얗지. 하얀 것은 토끼. 토끼는 나는 듯이 달릴 줄 알아. 날아? 저 까마귀처럼? 까만 까마귀보다 더 까만 것은 바닷가의 큰 바위. 바위보다 더 굳센 것은 우리 아빠의 넓은 등. 깊고 넓은 마음. 우리 엄마는 언제 돌아오실까 하며 엄마를 기다린다.

활동목표 책에 흥미를 가지고 그림책을 즐겨 본다.
여러 가지 말놀이를 즐긴다.

활동자료 그림책 〈시리동동 거미동동〉, 싸인펜, 종이

활동방법

① 그림책 〈시리동동 거미동동〉을 읽고, 이야기의 내용을 회상한다.
- '시리동동' 은 무슨 말일까?
- 제주도의 토박이말(방언)을 알고 있는 것이 있니?
  (아방: 아버지, 어망: 어머니, 독세기: 달걀, 혼저옵서 : 어서 오세요)
- 그림책의 주인공은 누구일까?
- 어떤 말이 제일 재미있었니?

② 사물의 느낌을 살려서 말잇기 놀이를 해본다.
- 거미줄을 본 적이 있니?
- 거미줄은 왜 생기는 걸까?
- '왕거미의 거미줄' 부터 시작하는 말잇기 놀이를 해보자.
  (왕거미의 거미줄은 반짝이지. 반짝이는 것은 ~ ...)

③ 첫 단어로 시작하는 말잇기 놀이를 글로 써 본다.

* 꼬리 따기는 노래 문답이나 설명으로 시작해 말꼬리를 이어가며 노래를 부르는 말놀이의 하나로 시리동동은 거미줄에 거미가 달린 모양을 나타내는 제주도 토박이 말이다.

6. 책보고 거울놀이

책 속의 책 속의 책

요르크 뮐러 글 · 그림, 김라합 옮김, 비룡소, 2005

동화내용

선물 포장을 뜯어보는 한 아이, 그 아이가 펼쳐보는 그림책 속에는 자기와 똑같이 생긴 아이와 토끼가 그려져 있다. 그리고 그 안에 똑같이 생긴 작은 그림이 액자형태로 끝을 알 수 없게 계속 펼쳐져 있다. 마지막 책이 어떤 것인지 알아보기 위해 책 속으로 들어가는 아이는 마지막에 이 그림을 그리는 화가를 만나지만, 계속 이어지는 책 속의 책을 끝내지 못해서 그림을 멈추지 못하고 있다. 아이는 아저씨에게 붓을 빼어들고 마지막 페이지를 끝내고, 왔던 길을 돌아 나와 책 밖으로 나온다. 책을 들고 가서 거울을 들여다보니 책 속의 토끼가 고양이 그림으로 바뀌어 있다.

활동목표 물체의 변화에 관심을 가지고, 변화 과정을 알아본다.
자신의 생각과 느낌을 글로 나타내 본다.

활동자료 그림책 〈책 속의 책 속의 책〉, 거울 3~5개, 종이, 펜.

활동방법

① 그림책 〈책 속의 책 속의 책〉의 겉표지를 보며, 내용을 상상해 본다.
- 그림책 속에 들어가면 무엇이 있을까?
- 어떤 일이 일어날 것 같니?
- 이 그림책이 다른 그림책과 다른 점은 무엇이니?
- 책을 읽기 전 생각한 것을 글로 적어보자.

② 그림책을 읽고, 이야기의 내용을 회상한다.
- '책 속의 책 속의 책' 속에는 무엇이 있었니?
- 아이의 모습이 몇 번이나 나오는지 세어 보자.
- 왜 화가 아저씨는 그림을 끝낼 수 없었을까?
- 주인공 아이는 어떻게 책을 끝낼 수 있었니?
- ㅇㅇ가 주인공이라면 책을 어떻게 끝내고 싶니?
- 그림책의 겉 표지와 뒷 표지를 보고 무엇이 다른지 비교해 본다.
- 책을 읽기 전 생각한 것과 책을 읽은 후에 달라진 것은 무엇이었니?

③ 책의 제목을 거울에 비춰보고, 나타나는 여러 가지 현상에 대해 알아본다.

- 책 속의 책처럼 여러 개가 같이 보이는 것을 본 적이 있니?
- 어떻게 하면 여러 개가 차례로 보일 수 있을까?
- 책의 겉표지를 거울로 비춰볼까? 어떻게 보이니?
- 우리의 모습도 여러 겹으로 보이게 할 수 있니? 어떻게 하면 될까?
- 거울을 이용하여 ○○의 모습을 여러 개 만들어 보자.
- 거울로 할 수 있는 다른 놀이를 알고 있니?

확장활동
- 신체표현 : 친구와 함께 둘이서 거울이 되어 보자
- 그림책 작가(화가)에게 편지쓰기

거울 속으로

앤서니 브라운 글 · 그림, 김현좌 옮김, 베틀북, 2006

동화내용

토비는 책에도 장난감에도 싫증이 나서 심심해 하다가 우연히 거울 속으로 들어가 새로운 세계를 만난다. 거울 속 세계에는 현실에서는 볼 수 없는 신기한 광경들이 펼쳐진다. 하늘에는 오렌지 태양이 떠 있고, 무지개는 땅에 드리워 있다. 튤립은 가로등으로 사용되고, 거리에는 투명 인간이 걸어 다니고, 개가 사람을 끌고 다니기까지 한다.

거울 속 세계를 여행하던 토비는 동물원 포스터를 보게 된다. 포스터 안에 있던 사자는 밖으로 나와 토비를 향해 걸어오기 시작한다. 깜짝 놀란 토비는 다시 거울을 통해 현실 세계로 돌아와 거울에 비친 자신의 얼굴을 보고 빙그레 웃음을 짓는다.

활동목표 생활 주변의 사물과 현상에 대해 호기심을 가진다.
친숙한 물체의 특성을 다양한 방법으로 탐색한다.

활동자료 그림책 〈거울 속으로〉, 전신 거울, 종이, 펜.

활동방법

① 그림책 〈거울 속으로〉의 겉표지를 보며, 내용을 상상해 본다.

- 주인공은 누구일까?
- 겉표지의 그림에서 이상한 곳이 있니?
- 나의 모습을 전신 거울에 비춰 볼까?
- 거울에 비친 나의 모습과 그림책에 있는 모습은 어떻게 다르니?

② 그림책을 읽고, 이야기의 내용을 회상한다.

- 토비가 들어간 거울 속 세상은 우리가 살고 있는 곳과 어떻게 다르니?
- 다른 곳, 이상한 곳을 찾아보자.
- 네가 토비라면 어떤 곳을 가보고 싶니?
- 만약에 우리가 거울 속으로 들어간다면 어떤 일이 생길까?

추후활동

- 반대말 놀이
- 반쪽 그림을 거울에 비친 모습 상상해서 그려보기

7. 수수께끼 놀이

그림 속 그림 찾기 ㄱㄴㄷ

이상교 글, 안윤모 외 그림, 사계절, 2001

동화내용

'ㄱ'에서 'ㅎ'까지 한글의 자음 하나씩을 주제로 하여 각각의 자음으로 시작하는 사물들을 찾아낸다. ㄱ은 "강아지랑 기린이랑 고슴도치랑 거북이랑 개구리가 기차를 타고 구름나라를 여행해요. 고양이를 닮은 구름이 기차 아래로 지나가요."라는 이야기를 읽고 강아지, 기린, 고슴도치, 거북이, 개구리 등을 그림에서 찾아본다.

활동목표 일상생활과 관련된 낱말과 문장을 듣고 뜻을 안다.
이야기를 주의 깊게 듣고 질문에 적절하게 대답한다.

활동자료 그림책 〈그림 속 그림 찾기 ㄱㄴㄷ〉

활동방법

① 유아들과 첫소리가 같은 말을 찾아본다.
- 기역으로 시작하는 말은 어떤 것이 있을까?

② 그림책 〈그림 속 그림 찾기 ㄱㄴㄷ〉을 보며 수수께끼 놀이를 한다.
- 그림책 속에 있는 그림의 이름을 말해 보자(기차, 고슴도치, 개구리…).
- 모두 기역으로 시작하는 말이구나.
- 선생님이 설명하는 말을 듣고, 그림책 속에 있는 그림을 찾아보자.
- 여기엔 동시로 설명하고 있네. 동시를 잘 듣고 무엇을 말하는 것인지 맞혀 볼까?

③ 유아에게 자기가 생각한 수수께끼를 설명하여 친구들이 맞춰 보도록 한다.
- 그림책 속 그림에는 없는 기역으로 시작하는 말은 어떤 것들이 있을까?
- 기역이 들어가는 단어로 그림을 그릴 수 있을까?
- 우리 친구들이 〈그림 속 그림 찾기〉 책을 만들어 보자.

추후활동 익숙해지면 유아가 문제를 읽어 주고, 알아맞힌다.

〈함께 보면 좋은 그림책〉
- 수수께끼 동시 그림책, 조이스 시드먼 글, 베스 크롬스 그림, 신형건 옮김, 보물창고, 2008
- 수수께끼 ㄱㄴㄷ, 최승호 글, 이선주 그림, 비룡소, 2007

도대체 누구야!

버나 알디마 글, 다이앤 딜론 · 레오 딜론 그림, 김서정 옮김, 보림, 2008

동화내용

공연 시간이 다가오면 마사이 마을 사람들은 무대 앞으로 모이고, 배우들은 무대를 꾸미고 대사를 외우고 가면을 쓰고 준비를 한다.

자기 집 문간에 앉아 지나가는 것을 구경하던 토끼는, 어느 날 저녁 집에 들어가려는데, 문이 열리지 않고 집 안에서 '길쭉이'라는 괴물의 목소리가 들린다. 개구리가 도움을 주겠다고 나서지만, 토끼는 자신보다 작은 개구리가 무엇을 할 수 있겠느냐며 쫓아버린다. 이번에는 자칼이 나섰다가 고함 소리에 놀라 달아나고, 표범과 코끼리, 코뿔소는 토끼의 집을 부수기만 한다. 이 때, 개구리가 독이 있는 코브라라고 겁을 주어 문을 열게 한다. 문을 열고 밖으로 나온 애벌레가 겁에 질려서 뛰어다니며, 사방을 두리번거리자 모두 웃음을 터트린다.

활동목표 새로운 어휘에 관심을 가진다.
다른 나라의 문화를 알아보고 존중한다.

활동자료 그림책 〈도대체 누구야!〉

활동방법

① 그림책 〈도대체 누구야!〉의 앞부분을 읽고, 수수께끼 놀이를 한다.
- 토끼의 집 안에 있는 '길쭉이'는 누굴까?
- 왜 그렇게 생각했니?
- 한 장씩 넘기며 길쭉이가 누구인지 알아맞힌다.

② 그림책 속에 표현된 마사이족 고유의 문화에 관심을 갖는다.
- 마사이족은 어떤 사람들일까?
  (머리 모양, 의상, 장신구, 집, 가면 등 문화에 대해 알아본다.)
- 그림책 속에서 나오는 마사이족의 의성어를 찾아보자.
  (구움 구움, 라스 라스, 비튜 비튜, 그링 그링, 치잇, 히르르르르 등)
- '끄삐두 끄삐두', '줏트 줏트'와 같은 의성어는 무슨 말일까?
- 마사이족의 의성어를 넣어 문장을 만들어 본다.

③ 그림책을 다시 읽고 내용을 회상해 본다.

- 이 그림책에서 어느 곳이 제일 재미있었니?
- ○○는 집을 빼앗긴 토끼를 어떻게 도와주고 싶니?
- 사자 무리는 마사이부족의 연극을 보며 어떤 생각을 했을까?
- 암사자에게 숫사자는 무슨 말을 했을까? 왜 그렇게 생각했니?

추후활동

- 역할을 정하여 동극 꾸미기
- 동물 가면 만들기

8. 그림자 놀이

누구 그림자일까?

최숙희 글 · 그림, 보림, 2000

동화내용

담벼락 앞에 냄비 모자를 쓰고 빗자루를 든 꼬마가 있다. 우산을 든 사람, 안경 낀 박쥐, 장화를 신고 콩콩 뛰는 꽃뱀, 털모자를 눌러 쓴 불독, 꽃병을 들고 있는 큰 곰, 부채질하는 문어, 사과 바구니를 든 공작새 등의 그림자를 보고 누구의 그림자인지 맞춰 보면 우산처럼 날개를 펼친 박쥐, 안경처럼 돌돌 말린 꽃뱀 2마리, 장화처럼 몸을 움츠린 불독, 털모자처럼 곰 등에 올라탄 고슴도치, 꽃병 모양의 문어, 부채처럼 날개를 편 공작새, 사과처럼 동그란 무당벌레 등이 나타난다.

활동목표 그림자의 형태를 관찰하고, 다양한 동작을 즐긴다.
빛과 그림자에 대해 호기심을 갖고 탐색한다.

활동자료 그림책 〈누구 그림자일까?〉, OHP, 스크린, 여러 가지 물건, 동작 낱말카드

활동방법

① 그림책 〈누구 그림자일까?〉의 그림자를 보고 어떤 그림인지 생각해 본다.

- 누구의 그림자일까?
- 왜 그렇게 생각했니?

② 다음에 나올 그림은 어떤 것인지 예측해 본다.

- 다음에 나올 그림은 무엇일까?
- 어떻게 알 수 있을까?

③ 스크린 뒤에서 다양한 손동작을 이용하여 그림자를 만들어 본다.

- 그림자를 만들어 보자, 어떻게 만들 수 있을까?
- 손으로 그림자를 만들어 볼까?
- 두 사람이 함께 그림자를 만들어 보자.

④ 한 유아가 스크린 뒤에서 낱말카드에 적힌 동작을 하면 어떤 동작인지 맞춰본다.

- 스크린 뒤에 서서 팔과 다리를 움직여 본다.
- 팔을 들어 보자, 그림자가 어떻게 되었니?

- 동작 낱말카드를 읽어보고 스크린 뒤에서 그림자를 만들어 보자.
- ○○가 지금 무얼 하고 있는 것 같니?

추후활동
- 손 그림자로 역할을 정하여 그림자극을 만들어 본다.
- 실외에서 그림자 만들어 보기, 그림자 밟기 놀이

그림자는 내 친구

박정선 글, 이수지 그림, 천둥거인, 2008

동화내용

그림자는 어디를 가든지 항상 따라다니지요. 나를 따르는 애완동물처럼 말이예요. 그림자가 없는 사람은 없어요. 사람뿐만 아니라 동물에게도 있고, 축구공이나 의자 같은 사물에도 그림자가 있어요. 그림자를 떼어낼 수는 없지만 더 큰 그림자 속에 숨으면 작은 그림자는 사라져요. 빛이 있는 곳이라면 그림자도 항상 존재한답니다. 투명한 물체는 통과하고, 사람이나 액자처럼 투명하지 않으면 통과하지 못하기 때문에 반대쪽에 그림자가 생깁니다. 해가 움직이면 그림자도 따라 움직이죠.

활동목표 그림자의 형태를 관찰하고, 다양한 동작을 즐긴다.
빛과 그림자에 대해 호기심을 갖고 탐색한다.

활동자료 그림책 〈그림자는 내 친구〉, OHP, 스크린, 여러 가지 물건, 손전등.

활동방법

① 그림책 〈그림자는 내 친구〉를 읽고, 손전등을 이용해 그림자의 형태, 특성을 알아본다.

- 그림자는 왜 생기는 것일까?
- 그림자는 어떤 특성이 있을까?
- 여러 가지 물건에 손전등을 비춰 보자.
- 어떤 모양의 그림자가 생겼니?
- 그림자의 크기는?

② 그림자로 할 수 있는 놀이를 생각해 보고, 이야기 나눈다.

- 그림자를 만들어 볼까? 어떻게 하면 될까?
- 그림책에 있는 손 그림자 동물을 만들어 보자.
- 손을 이용해 그림자를 만들어 보고, 친구에게 소개해 보자.

③ 스크린 뒤에서 비치는 물건의 그림자를 보고 이름을 말해 본다.

- 그림자로 어떤 물건인지 알아맞히기 놀이를 해볼까?
- 어떤 물건이니? 어떻게 알 수 있었니?
- 물건을 보여주고 그림자와의 차이점을 비교해 본다.

〈함께 보면 좋은 그림책〉

· 난 누구게?, 코시노 타미오 글, 타카바타케 쥰 그림, 안미연 옮김, 아이세움, 2004

· 불을 꺼 봐요!, 리처드 파울러 그림, 서남희 옮김, 보림큐비, 2007

9. 틀린 그림 찾기

앤서니 브라운의 행복한 미술관

앤서니 브라운 글 · 그림, 서애경 옮김, 웅진닷컴, 2004

동화내용

어느 해 엄마의 생일날, 엄마는 온 가족이 함께 미술관에 갈 것을 제안한다. 아빠와 형은 마지못해 따라 나서지만 텔레비전에서 하는 축구 경기를 못 본다고 투덜댄다. 처음으로 미술관 구경을 간 우리는 그 웅장함에 긴장하고, 또 전시되어 있는 옛날 그림들은 지루하게만 보인다. 하지만 그림을 하나씩 보고 엄마의 설명도 들으며, 차츰 그림에 대한 서로의 느낌과 생각, 추억들을 나누면서 마음을 열게 된다. 그리고 미술관을 나오는 길, 우리는 다시 생기를 되찾고 따뜻한 유대감도 회복한다. 우리는 엄마가 가르쳐 준 재미있는 그림놀이를 하며 돌아오고, 나는 그 일이 계기가 되어 평생 그림 그리는 일을 하게 된다.

활동목표 게임을 통하여 책 속에 있는 여러 상징을 변별할 수 있다.
책의 내용을 이해하고, 즐겁게 읽을 수 있다.

활동자료 그림책 〈앤서니 브라운의 행복한 미술관〉, 실물 환등기, 돋보기, 그림책에서 확대 복사한 그림.

활동방법

① 그림책 〈앤서니 브라운의 행복한 미술관〉을 읽고 이야기 나눈다.

- 미술관에 가본 적이 있니?
- 누구와 함께 갔었니?
- 무엇을 보았니?
- 이 그림책은 왜 '행복한 미술관' 이라고 했을까?

② 그림책 속에 나와 있는 명화와 지은이가 바꿔 놓은 그림을 비교하며 틀린 그림을 찾아본다.

- 그림책 속에 있는 여러 명화에 대해 소개해 준다.
- 원래의 그림과 아빠가 들어가 있는 그림을 비교해 보자.
- 두 그림의 어디가 어떻게 다른지 찾아보자.

③ 여러 친구들이 같이 찾을 수 있게 실물 환등기나 확대된 그림을 보여 주고 찾아 보

도록 한다.

추후활동 모양 바꾸기 그림놀이

〈함께 보면 좋은 그림책〉

· 세상에서 가장 유명한 미술관, 메리디스 후퍼 글, 알랜 컬리스 · 마크 버제스그림, 김남중 옮김, 국민서관, 2000

달라질 거야

앤서니 브라운 글 · 그림, 허은미 옮김, 아이세움, 2003

동화내용

목요일 아침 10시 15분, 아빠가 나간 뒤 집에 혼자 남은 조셉은 주변의 사물이 이전과는 다르게 보이는 것을 깨닫는다. 말끔하게 정리된 부엌 그러나 탁자 위에 있는 주전자에는 고양이 귀와 다리, 꼬리가 달린다. 슬리퍼에는 날개가 달려 있고, 호스가 코끼리 코가 되고, 자전거 바퀴는 사과가 된다. 축구공은 알이 되어 새가 태어난다. 조셉은 두려운 마음이 들어 방으로 돌아와 문을 닫고, 불까지 끈다. 그 때, 문이 열리고 빛이 들어오면서 엄마와 아빠는 새로 태어난 여동생을 안고 집으로 돌아 온다.

활동목표 책의 내용을 이해하고, 즐겁게 읽을 수 있다.
자신의 생각을 적절한 어휘를 사용하여 말한다.

활동자료 그림책 〈달라질거야〉

활동방법

① 그림책 〈달라질거야〉를 읽고 이야기 나눈다.

- 조셉의 집 안에서 달라진 것들은 어떤 것이 있었니?
- 집 밖에서는 어떤 것들이 달라졌을까?
- 어떻게 달라졌니? 이상한 점을 이야기해 보자.
- 아빠가 '달라질 거야' 라고 한 말은 무엇을 의미하는 걸까?

② 그림책 속을 읽은 후에 '만약에 ○○이 달라진다면' 어떤 일이 일어날지 상상해 보고, 자기의 생각을 이야기해 본다.

- 아기가 집에 온 후에 달라졌던 모습들이 어떻게 되었니?
- 우리 집에서 달라졌으면 하는 곳이 있니?
- 왜 그렇게 생각했니?
- 또 달라지고 싶은 것이 있니?
- '만약에 ○○이 달라진다면' 어떤 일이 일어날지 상상해 보자.

〈함께 보면 좋은 그림책〉

· 세상에서 가장 유명한 미술관, 메리디스 후퍼 글, 알랜 컬리스·마크 버제스 그림, 김남중 옮김, 국민서관, 2000

10. 손으로 읽어요

점이 모여 모여 (점자 촉각 그림책)

엄정순 글 · 그림, 창비, 2008

동화내용

앞면은 점이 모여 선이 되고, 선이 구르다가 오르내리다가 삐죽빼쭉 너울너울 춤을 추다가 높은음자리표가 된다. 뒷면에서는 동그란 점들이 모여 크기가 가지가지인 동그라미가 되고, 세모점이 모여 별이 되고, 별 모양까지 어우러져 사랑을 상징하는 커다란 하드를 만들어 낸다.

점이 모여 선이 되고, 선이 모여 면이 되는 과정을 통해 결국 하나의 그림을 만들어 간다.

활동목표 그림책의 색, 형태, 질감 등을 탐색해 본다.
손으로 읽는 느낌을 언어로 표현할 수 있다.

활동자료 그림책 〈점이 모여 모여〉, 쇠라의 그림, 눈가리개

활동방법

① 그림책 〈점이 모여 모여〉를 읽고, 이야기 나눈다.

- 점이 모여 모여 무엇이 될 것 같니?
- 점으로 무얼 만들 수 있을까?
- 점을 찍어 그린 '쇠라(G. P. Seurat)' 의 그림을 감상해 보자.
- 어떤 느낌이니? 가까이서 보고, 멀리서 본 느낌을 이야기해 보자.

□ 아스니에르에서의 물놀이

□ 그랑드자트섬의 일요일 오후

② 그림책의 그림과 점자를 손으로 만져보고, 느낌을 이야기한다.

- 그림책을 손으로 만져 보자. 어떤 느낌이니?
- 그림 아래에 있는 오돌토돌한 점들을 '점자' 라고 한단다.
- 눈을 가리고 손으로 책을 읽으며 느낌을 이야기해 보자.
- 그림책을 펼쳐 보자. 아코디언처럼 펼쳐지네.
- 긴 책으로 여러 가지 모양을 만들어 볼까?

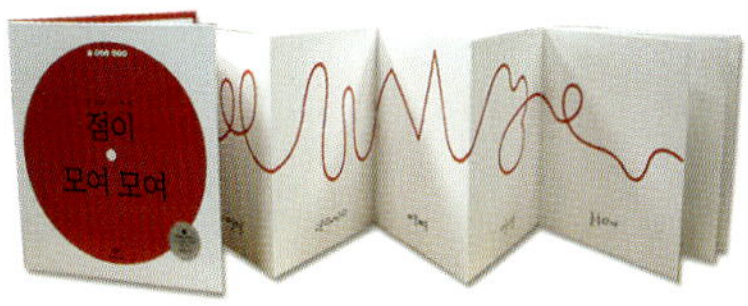

추후활동 만져 보고 알아맞히기 놀이

〈함께 보면 좋은 그림책〉
· 나무를 만져 보세요(점자 촉각 그림책), 송혜승 글 · 그림, 창비, 2008

11. 그림 보며 쿵짝짝

쿵짝짝 소리 나는 그림, 김환기

문승연 글 · 그림, 천둥거인, 2007

동화내용

빨간색은 '쿵', 파란색은 '짝', 초록색은 '짜'로 그림을 보고 크게 작게 쿵짝짜 놀이를 한다. 색의 차례를 바꾸고 겹치고 위치를 바꾸고 몸을 움직여 보면 흥겨운 리듬이 울려 퍼진다. 쿵짝짜 놀이를 하며 우리 나라 최초의 추상 화가 김환기의 추상 작품 〈봄의 소리〉를 감상해 본다. 이번에는 말하지 말고 조용히 새싹들의 합창과 봄의 아이들을 생각하며 〈이른 봄의 소리〉를 감상해 본다.

김환기의 추상화 〈어디서 무엇이 되어 다시 만나랴〉, 〈무제〉의 그림 속의 상상의 노래를 감상해 본다.

활동목표 화가의 작품에 관심을 가지고 감상해 본다.
그림을 감상하며 느낌을 언어로 표현할 수 있다.

활동자료 그림책 〈쿵짝짝 소리 나는 그림, 김환기〉, 북, 북채

활동방법

① 〈쿵짝짝 소리 나는 그림, 김환기〉의 그림책을 읽어 본다.

- 색깔을 '쿵짝짜'로 바꾸어 하나씩 읽어 보자.
- '쿵'이 나오는 곳에 박수를 쳐보자.
- 큰 색깔 그림은 크게, 작은 색깔 그림은 작게 쳐보자.
- 〈봄의 소리〉를 쿵짝짜로 바꾸어 보자.

② 그림책에 나온 다른 그림도 감상해 본다.

- 〈이른 봄의 소리〉의 색깔에는 다른 이름을 지어 볼까?
- 빨간 네모는 뭐라고 할까?
- 장단에 맞춰 몸을 움직여 보자.
- 이번엔 말하지 말고 조용히 그림을 보자.
- 어떤 소리가 들리니?

③ 〈어디서 무엇이 되어 다시 만나랴〉를 보며 만나고 싶은 사람을 이야기한다.

- 이 그림을 보니 어떤 생각이 드니?
- ○○가 사랑하는 사람은 누구누구니?
- 점 하나에 사랑하는 사람의 이름을 붙여보자.

④ 자신의 생각을 점이나 선으로 그려보고 이름을 지어 준다.

- 그림을 친구들에게 소개해 보자.
- 그림을 본 친구들이 느낀 점을 이야기해 본다.

추후활동 김환기 화가의 다른 추상화도 감상해 본다.

〈함께 보면 좋은 그림책〉
· 내 그림과 닮았어요, 장욱진, 문승연 글 · 그림, 천둥거인, 2007

12. 책이 있는 명화 감상하기

활동목표 책과 관련된 명화를 찾아보고 감상하는 기회를 가진다.
책을 읽을 때의 올바른 자세에 대해 알아본다.

활동자료 그림 '독서하는 여인', '독서하는 어린 소녀', 음악(비제의 '아를르의 여인')

활동방법

① 명화를 음악과 함께 감상하고, 느낀 점을 이야기한다.
- 그림을 보니 어떤 것이 느껴지니?
- 이 그림의 제목은 무엇일까?
- 그림 속에는 무엇이 있니?
- 어디인 것 같니? 왜 그렇게 생각했니?

르느와르(Renoir) - 독서하는 여인

② 화가와 그림 속 이야기를 알아본다.
- 두 그림은 '르느와르' 라는 화가가 그린 것이란다. 어떻게 다르니?
- 책을 읽는 여인은 어떤 표정이니?
- 읽고 있는 책은 어떤 책일까?
- 그림 속 주인공의 이름은 무엇일까?

르느와르(Renoir) - 독서하는 소녀

③ 그림을 교실에 붙여주어 감상하도록 한다.
- 우리가 지은 그림의 제목과 그림 속 주인공에게 하고 싶은 말을 적어 전시해 보자.

확장활동 책 읽는 모습을 그린 다른 화가의 작품도 감상해 본다.

〈책이 있는 명화〉

□ 마티스(Matisse)
희고 노란 옷을 입은
책 읽는 여자

□ 헤니히(Hennig)
독서하는 소녀

□ 고흐(Gogh)
책을 읽는 아를르인
기누 부인.

그림책 목록

– 유아를 위한 활동

- **나는 책이 싫어!** 맨주샤 퍼워기 글, 린 프랜슨 그림, 이상희 옮김, 풀빛, 2003
- **엄마, 난 이 옷이 좋아요 – 열두 달 옷 이야기** 권윤덕 글 · 그림, 재미마주, 1998
- **만희네 집** 권윤덕 글 · 그림, 길벗 어린이, 1995
- **기묘한 왕복여행** 앤 조나스 글 · 그림, 이지현 옮김, 아이세움, 2003
- **휘리리후 휘리리후** 한태희 글 · 그림, 웅진주니어, 2006
- **동강의 아이들** 김재홍 글 · 그림, 길벗어린이, 2000
- **숲 속에서** 김재홍 글 · 그림, 길벗어린이, 2000
- **아슬아슬한 여행** 앤 조나스 글 · 그림, 이상희 옮김, 비룡소, 2004
- **오늘은 무슨 날?** 테이지 세타 글, 하야시 아키코 그림, 한림출판사, 2000
- **수수께끼 생일 편지** 에릭 칼 글 · 그림, 이기경 옮김, 더큰 theknn 더큰컴퍼니, 2005
- **잭이 지은 집에서 도대체 무슨 일이 일어났을까?** 심스 태백 글 · 그림, 조은수 옮김, 베틀북, 2004
- **시리동동 거미동동** 권윤덕 글 · 그림, 창비, 2003
- **책 속의 책 속의 책** 요르크 뮐러 글 · 그림, 김라합 옮김, 비룡소, 2005
- **거울 속으로** 앤서니 브라운 글 · 그림, 김현좌 옮김, 베틀북, 2006
- **그림 속 그림 찾기 ㄱㄴㄷ** 이상교 글, 안윤모 외 그림, 사계절, 2001
- **도대체 누구야!** 버나 알디마 글, 다이앤 딜론 · 레오 딜론 그림, 김서정 옮김, 보림, 2008
- **누구 그림자일까?** 최숙희 글 · 그림, 보림, 2000
- **그림자는 내 친구** 박정선 글, 이수지 그림, 천둥거인, 2008
- **앤서니 브라운의 행복한 미술관** 앤서니 브라운 글 · 그림, 서애경 옮김, 웅진닷컴, 2004
- **달라질 거야** 앤서니 브라운 글 · 그림, 허은미 옮김, 아이세움, 2003
- **점이 모여 모여 (점자 촉각 그림책)** 엄정순 글 · 그림, 창비, 2008
- **쿵짝짝 소리 나는 그림, 김환기** 문승연 글 · 그림, 천둥거인, 2007

제2장 그림책과 놀이하기

역할놀이

1. 결혼식 놀이

이모의 결혼식

선현경 지음, 비룡소, 2004

동화내용

나는 가족들과 함께 이모의 결혼식에 참석하기 위해 그리스에 있는 크레타의 작은 마을 스피나라로 간다. 멀고도 먼 길을 비행기 타고, 버스 타고 도착한 그 곳에서 만난 이모부는 말도 통하지 않고 외모도 우리와 달라 나는 맘에 들지 않는다. 드디어 이모의 결혼식 날, 난 들러리가 되어 직접 만든 꽃다발을 들고 드레스를 입고 입장한다. 결혼식이 끝나고 우리 가족은 바닷가에서 춤도 추고 맛있는 그리스 음식을 먹으며, 즐겁게 파티를 하고 다시 한국으로 돌아온다.

그런데 얼마 후 이모와 이모부가 우리 집에 찾아왔을 때 나도 모르게 반가워 눈물까지 흘리고 이모부한테 뽀뽀를 하게 된다.

활동목표 결혼식의 의미를 이해하고, 즐겁게 결혼식 놀이를 할 수 있다.

활동자료 그림책 〈이모의 결혼식〉, 결혼 청첩장, 면사포, 드레스, 양복, 꽃다발, 결혼행진곡 테이프, 결혼식 장면을 찍은 테이프(비디오 또는 VTR), 색종이 가루, 외국의 결혼식 사진, 사진기 등

활동방법

① 그림책 〈이모의 결혼식〉을 읽고 결혼식에 대한 이야기를 나눈다.

- 결혼식이 무엇일까?
- 결혼식을 본 적이 있니?
- 신랑, 신부를 찾아보자. 신랑, 신부 말고 또 누가 있나?
- 들러리가 하는 일은 무엇일까?
- 신랑, 신부는 어떤 옷을 입었나?

② 청첩장을 보고 결혼식 순서를 알아본다.

- 청첩장은 무엇일까?
- 결혼식은 왜 하는 걸까?
- 결혼 서약서 내용은 무엇으로 하면 좋을까?

③ 결혼식 놀이에 필요한 것들을 적고, 어떻게 준비할 것인지 이야기 나눈다.

④ 역할을 정하여 청첩장의 순서대로 결혼식 놀이를 진행한다.

- 신랑, 신부, 신랑과 신부의 부모, 주례, 들러리, 사회자, 축하객, 사진사는 누가 할까?

⑤ 결혼식 놀이를 해본 느낌을 이야기 나눈다.

추후활동
- 조형놀이 영역에서 결혼 청첩장 만들기
- 다른 반 친구들 초대하기

〈함께 보면 좋은 그림책〉
- 오늘은 무슨 날?, 정은정 글, 홍성지 그림, 비룡소, 2002
- 토끼의 결혼식, 가스 윌리엄즈 글·그림, 강무환 옮김, 시공주니어, 1997
- 마리, 나랑 결혼할래?, 콜레트 엘링스 글, 마리알린 바뱅 그림, 이정주 옮김, 시공주니어, 2008

2. 전통 혼례식

우리 누나 시집 가던 날

김해원 글, 박지훈 그림, 중앙출판사, 2006

동화내용

오늘은 누나가 시집가는 날이다. '내 색시 되겠다고' 한 약속은 까맣게 잊은 채 시집가 버리는 누나는 거짓말쟁이다. 나는 누나에게 달려가 누나가 좋아하는 곶감을 주면서 시집가지 말라고 했지만 누나는 먹지 않고 울기만 한다. 멋진 복장의 신랑이 나무 기러기에 넙죽 절을 하고, 누나는 신랑과 마주 서더니 표주박으로 술을 나누어 먹는다. 난 누나랑 오랫동안 보지 못하게 될 것 같아 눈물이 났다. 하지만 누나는 신랑 집으로 가는 날 내게 밥 잘 먹고 있으면 다시 오겠다는 약속을 해주고 떠난다.

활동목표 신랑 신부 역할을 놀이로 표현한다.
전통 혼례식에 대하여 관심을 갖는다.

활동자료 그림책 〈우리 누나 시집 가던 날〉, 한복, 족두리, 연지 곤지, 병풍, 장구, 북, 소고 등 악기, 꽃다발, 돗자리, 전통 혼례식 사진 또는 화보.

활동방법

① 그림책 〈우리 누나 시집 가던 날〉을 읽고 전통 혼례에 대한 이야기를 나눈다.
- 옛날에는 결혼식을 어떻게 했을까? (혼례복, 상차림 등)
- 혼례에 쓰이던 함에는 무엇이 들어있을까?
- 혼례식의 잔치 음식(국수, 떡, 전, 신선로 등)은 무엇이었을까?

② 혼례식에 필요한 준비에 대하여 이야기를 나눈다.
- 신부의 머리나 얼굴은 어떻게 꾸밀까?
- 우리 반에서 결혼식을 한다면 어디에서 하면 좋을까?
- 신랑 신부가 절을 하는 상은 어디에다 차릴까?

③ 혼례식에서 맡을 역할에 대하여 이야기 나눈다.
- 결혼식에는 신랑과 신부 말고 어떤 사람들이 있으면 좋을까?
- 옛날에는 혼례식 때 어떤 음악을 연주하였을까?

④ 전통 혼례식 놀이를 진행한다.

확장활동 전통 혼례 비디오를 보면서 현대의 결혼식 모습과 비교해 보기

〈함께 보면 좋은 그림책〉

· 생쥐의 결혼, 하지홍 글 · 그림, 유정림 옮김, 미세기, 2006

3. 어린이 미용실

헤어드레서 민지

정은희 글 · 그림, 상출판사, 2007

동화내용

민지는 엄마가 잠시 집을 비운 동안 집에서 혼자 미용실 놀이를 한다. 매일 민지와 함께 노는 강아지를 손님으로 맞이하고, 멋진 스타일을 권하고, 미용실에서 본 헤어드레서가 하던 대로 손님의 머리를 파머하고, 염색한다.

강아지와의 미용실 놀이로 집안은 엉망이 되고, 외출하셨던 엄마가 돌아올 시각이 되자 민지는 어질러진 집안을 보고 걱정을 한다. 엄마는 민지의 미용실 놀이를 보고 깜짝 놀라지만 자상하게 웃으면서 민지의 솜씨를 칭찬한다.

활동목표 여러 가지 재료와 도구를 이용하여 다양한 방법으로 머리를 꾸며 본다.
미장원 놀이에 즐겁게 참여한다.

활동자료 그림책 〈헤어드레서 민지〉, 여러 종류의 유아 헤어 모델 사진(화보), 큰 거울, 여러 종류의 가발, 앞 치마, 가격표, 여러 가지 미장원 놀이 소품(장난감 헤어드라이어, 헤어 롤, 빗, 헤어 캡, 빈 샴푸 통 등)

활동방법

① 그림책 〈헤어드레서 민지〉를 읽고, 미용실에 가본 경험을 이야기 나눈다.
- '헤어드레서' 는 어떤 일을 하는 사람일까?
- 미용실에 가보았니? 언제 가보았니?
- 미용실에서는 어떤 일을 할까?
- 우리도 헤어드레서가 되어볼까?

② 미용실 놀이에 필요한 소품을 준비해 두고 유아들과 역할과 놀이방법을 이야기 나눈다.
- 미용실에서 일하는 분들은 누구일까?
- 미용실 놀이에 필요한 것은 어떤 것이 있을까?
(간판, 가격표, 이름표 등을 만들어 보자)

③ 유아들이 원하는 배역을 정하고 순서표를 만들어 미용실 놀이를 진행한다.

④ 머리가 완성되면 음악을 틀어놓고 헤어 패션쇼를 해본다.
- 헤어드레서는 손님에게 헤어 스타일을 설명한다.

가장 멋있는(재미있는) 머리모양은 누구인가요?

확장활동 • 헤어 디자인 책 만들기 – 유아의 얼굴을 사진 찍어 코팅한 후, 그 위에 다양한 머리모양 그림을 붙여 볼 수 있도록 자료를 제공한다.

〈함께 보면 좋은 그림책〉

- 긴 머리 공주, 안너마리 반 해링언 글 · 그림, 이명희 옮김, 마루벌, 2001
- 우리 아기 까까머리, 샐리 크랩트리 글, 제인 카브레라 그림, 이상희 옮김, 중앙출판사, 2004
- 장화 쓴 공주님, 심미아 글 · 그림, 느림보, 2003
- 내 머리 모양 어때?, 신지윤 · 신혜원 글, 김복태 그림, 웅진주니어, 2000
- 멋쟁이 미장원 놀이, 로즈메리 웰스 글 · 그림, 양희진 옮김, 달리, 2005

4. 편지 왔어요

우체부 아저씨와 비밀 편지

앨런 앨버그 글, 자넷 앨버그 그림, 김상욱 옮김, 미래M&B, 2003

동화내용

자전거를 타고 다니는 싱글벙글 우체부 아저씨가 멀고 먼 곳에서 언덕을 넘어 숲 속 마을 오두막에 있는 〈곰 세 마리〉 집에 편지를 배달하러 간다. 빈 집에 들어와 아기 곰의 죽을 먹어버린 금발머리 꼬마 아가씨의 사과와 생일 초대 편지를 전해준다. 다시 길을 떠난 아저씨는 마늘빵으로 지은 집에 사는 〈헨젤과 그레텔〉의 심술마녀, 하늘만큼 높은 콩나무 농장에 사는 〈잭과 콩나무〉의 거인 아저씨, 왕자와 결혼한 〈신데렐라〉, 〈빨간모자〉에 나오는 늑대에게 편지를 전하고, 마지막으로 아기곰이 금발머리 아가씨한테 보내는 생일 축하 카드와 선물을 전해 준다.

활동목표 편지를 보내는 과정을 경험하며, 우체국 놀이를 즐긴다.
우체국과 우체부 아저씨가 하는 일에 대해 알고, 감사하는 마음을 갖는다.

활동자료 그림책 〈우체부 아저씨와 비밀편지〉, 우체국 사진, 우체부 가방, 모자, 편지

활동방법

① 그림책 〈우체부 아저씨와 비밀편지〉를 읽고, 우체부 아저씨가 전해 준 편지에 대해 이야기 나눈다.
- 싱글벙글 우체부 아저씨는 누구에게 편지를 배달했니?
- 어떤 그림책에 나온 이야기였니?
  (곰 세 마리, 헨젤과 그레텔, 잭과 콩나무, 신데렐라, 빨간 모자)
- 우체부 아저씨가 배달하는 것에는 어떤 것이 있을까?
  (편지, 소포, 택배, 축하카드, 돈(소액환), 꽃배달 등)

② 누구에게 '비밀 편지'를 보낼 것인지 생각해 보고 편지를 꾸민다.
- 편지를 쓰고 그림을 그려 꾸민 다음 봉투에 넣는다.
- 편지 봉투에 받는 사람, 보내는 사람을 쓰고 우표를 붙여 우체통에 넣는다.

③ 우체국 놀이에 필요한 소품과 역할에 대하여 이야기 나누고 역할을 분담한다.
- 우체국 놀이를 하려면 어떤 것이 있어야 할까?
  (우체국 간판, 우체통, 배달차, 편지, 소포 등)
- 우체국 놀이를 하려면 어떤 사람이 있어야 할까?

(우체국 직원, 손님, 우편배달원)

- 우체국 직원은 어떤 일을 할까?
  (편지보내기, 축전 보내기, 소포 무게 달기, 배달하기 등)

④ 유아들과 역할을 정한 후, 우체국 놀이를 한다.

⑤ 받은 편지의 내용을 읽어보고 친구들에게 소개한다.

확장활동 소포 포장하기, 엄마, 아빠에게 비밀편지 쓰기
통장, 도장을 준비하여 우체국 놀이와 은행 놀이를 함께 진행할 수도 있다.

〈함께 보면 좋은 그림책〉

- 산타 할아버지가 보낸 편지, 단노 유키코 글 · 다루이시 마코 그림, 박미경 옮김, 한림출판사, 2007
- 우체부 곰, 피브 워딩턴 외 지음, 김세희 옮김, 비룡소, 2002
- 우체부가 사라졌어요!, 클레르 프라네크 글 · 그림, 김혜정 옮김, 키다리, 2008
- 우체부 아저씨 고마워요, 오보 마코토 지은이, 대교출판, 2002

5. 장난감 수리점 놀이

뭐든지 뚝딱뚝딱 수리공 하마군

채인선 글, 김유대 그림, 시공주니어, 2000

동화내용

뭐든지 뚝딱뚝딱 잘 고치는 하마 군은 인사도 잘해서 동네에서 인기가 많다. 어느 날 마을에서 무섭기로 소문난 털북숭이 거인에게서 고장 수리를 해 달라는 전화가 오고, 하마 군은 거인의 집에 가서 면도기, 세탁기, 밥솥 등 고장난 것을 고치기 시작한다. 하마 군이 다 고치고 돌아갈 무렵, 거인은 하마 군에게 왜 다들 자기를 무서워하고 피하냐고 묻는다. 하마 군은 웃으면서 거인에게 인사 말과 인사하는 법을 가르쳐 준다. 하마 군이 걱정되어 온 동물 친구들은 인사도 잘 하고 음식도 대접해 주는 친절해진 거인의 모습을 보고 깜짝 놀란다.

활동목표 극놀이를 통해 다른 사람의 역할을 해보고, 역할놀이를 즐긴다.

활동자료 그림책 〈뭐든지 뚝딱뚝딱 수리공 하마 군〉, 간단한 목공 도구, 속이 빈 블록, 종이 벽돌

활동방법

① 그림책 〈뭐든지 뚝딱뚝딱 수리공 하마 군〉을 읽고 이야기 나눈다.
- 고장난 것을 고치는 사람은 누굴까?
- 수리공 하마 군이 털북숭이 거인의 집에서 고친 것은 무엇이니?
- 하마군은 왜 사람들이 좋아할까?

② 장난감 수리점 놀이에 필요한 물건과 도구를 알아보고 놀이계획을 세운다.
- 우리 교실에 고치고 싶은 장난감이 있니?
- 어떻게 고치고 싶니?
- 장난감 수리점 놀이를 하려면 무엇이 필요할까?
- 장난감 수리점 이름은 뭐라고 지을까?
- 간판은 어떻게 만들까?
- 교실의 어느 영역에 장난감 수리점을 꾸밀까?

③ 역할을 정한다.
- 수리공과 손님 역할을 맡은 유아의 이름을 활동 영역표에 적는다.
- 수리공은 장난감 수리점에서 사용하는 도구와 물건을 차려놓고, 손님은 고치

고 싶은 장난감, 돈, 지갑 등을 준비하여 장난감 수리점 놀이를 한다.

④ 놀이가 끝난 후 재미있었던 점, 불편했던 점, 더 필요한 것 등에 대하여 이야기 나눈다.

확장활동 놀잇감을 안전하게 다루는 방법을 생각하고 이야기 나눈다.
협의된 사항은 영역별로 잘 보이는 곳에 게시한다.

6. 어린이 장터

장날

이윤진 글, 이서지 그림, 한솔수북, 2008

동화내용

조선 시대에 닷새마다 열리던 시골 장터의 모습이 4미터 가까이 되는 길이의 병풍에 펼쳐진다. 장터에는 그릇을 파는 옹기전, 생선을 파는 어물전, 대장간, 잡화전, 계아전, 초물전, 면주전, 징전, 시목전 등이 보이고, 옛날 이야기를 보여 주고 들려 주는 '요지경' 아저씨, 엿판 앞에 모여 엿치기하는 아이들, 한 입에 쏙 집어먹고 싶은 순대 파는 집을 지나면서 꼴깍꼴깍 군침을 흘리고, 닭 잡으러 허둥대는 아저씨, 소 싸움하는 소시장, 술 취해 비틀 거리는 아저씨, 밥 얻으러 다니는 각설이가 보인다. 장터에는 물건 사러 나오고, 구경하러 나온 사람들로 가득하다.

활동목표 사용하지 않는 물건은 서로 바꾸어 쓸 수 있다는 것을 안다.
상황에 맞는 언어를 사용하여 의사소통할 수 있다.

활동자료 그림책 〈장날〉, 집에서 쓰지 않는 유아의 물건 2~3가지

활동방법

① 그림책 〈장날〉에서 장터에 있는 여러 상점과 팔고 있는 물건을 살펴본다.
- 장날은 어떤 날일까?
- 그림책을 펼쳐놓고 어떤 물건들을 팔고 있는지 찾아보자.
  (옹기전, 대장간, 잡화전, 어물전, 초물전, 면주전, 시목전 등)
- 장터에는 어떤 사람들이 있니?
  (엿장수, 달걀 장수, 사주쟁이, 방물장수)

② 옛날의 장터와 대형마트를 비교해 보고 같은 점, 차이점을 알아본다.
- 옛날의 장터처럼 여러 가지 물건을 살 수 있는 곳은 어디일까?
- 대형마트나 할인점에 가서 물건을 사보았니?
- 어떻게 다를까?

③ '어린이 장터' 놀이를 제안하고 유아들과 놀이 계획을 세운다.
- 옛날 장터에서는 필요한 물건을 서로 바꾸기도 했단다.
- 어린이 장터를 열어볼까?
- 집에 있는 물건 중에 사용하지는 않지만 다른 사람이 쓸 수 있는 물건이

있니?
(장난감, 책, 옷 등)

④ 유아들이 가져온 물건을 소개하고, 물건의 가격을 정하여 장터놀이를 진행한다.

- 이 물건은 왜 가져왔니?
- 이 놀잇감은 어떻게 사용하니?
- 내가 가져온 물건의 가격을 얼마로 하면 좋을까?
- '어린이 장터' 를 어디서 하면 좋을까?
- 무엇이 필요할까? (가게 이름, 가격표, 돈)

⑤ 어린이 장터를 해 본 느낌을 이야기해 본다.

- 어린이 장터에서 가장 재미있었던 것은 무엇이었니?
- 속상한 일은 없었니?
- 사고 싶은 물건은 샀니?

참고사항 부모님께 가정통신문을 보내어 어린이 장터에 대한 놀이계획을 알리고, 못쓰거나 망가지지 않고 유아들이 교환해 갈 수 있는 물건을 보내달라고 한다.

〈함께 보면 좋은 그림책〉

- 장터 나들이, 김정희 글 · 그림, 한림출판사, 2007
- 시장 나들이, 정승모 글, 최민주 그림, 보림, 1995
- 오늘은 촌놈 생일이에요, 이명랑 글, 배현주 그림, 김광언 감수, 중앙출판사, 2007
- 징가의 신나는 장터 나들이, 후시하라 노지코 글 · 그림, 양선하 옮김, 한림출판사, 2004
- 와글와글 즐거운 장날, 로이스 엘럿 글 · 그림, 김양미 옮김, 리브레주니어, 2008

7. 생일축하 놀이

피터의 편지

에즈라 잭 키츠 글 · 그림, 이진수 옮김, 비룡소, 1996

동화내용

피터는 생일이 다가오자 마음 속으로 좋아하는 여자 친구 에이미에게 생일 초대 편지를 쓴다. 편지를 부치러 갔는데 바람이 너무 불어서 그만 편지가 날아가 저쪽에서 걸어오던 에이미 앞으로 떨어져 에이미랑 부딪치고 만다. 그런데 피터는 에이미가 볼까봐 사과도 하지 못하고 우체통에 편지를 넣느라 넘어진 에이미를 일으켜 주지도 못한다. 에이미는 부끄러워서 도망간다.

피터는 생일날 친구들을 기다리면서 에이미가 오지 않을 거라며 실망하는데, 에이미는 선물을 가지고 나타나서 피터는 기뻐 어쩔 줄 모른다. 친구들은 생일축하 노래도 불러주고 피터는 생일축하 케이크의 초를 불며 소원을 말한다.

활동목표 자신과 주변 사람들의 성장에 관심을 갖고, 친구와 즐겁게 놀이할 수 있다.

활동자료 그림책 〈피터의 편지〉, 생일 케이크 모형, 음식 모형, 소꿉놀이 도구.

활동방법

① 그림책 〈피터의 편지〉를 읽고 이야기 나눈다.
- 생일축하 때 친구를 초대해 본 적이 있니?
- ㅇㅇ는 생일날 어떻게 지냈니?
- 생일축하 때 친구를 초대하려면 어떻게 해야 할까?
- 피터의 소원은 무엇이었을까?

② 유아들의 생일을 알아보고 생일축하 놀이를 해본다.
- 우리 반 친구들의 생일은 언제일까? 어떻게 알 수 있을까?
- 생일날에는 어떤 음식을 먹을까?
- 생일 축하 노래는 어떤 것이 좋을까?
- 생일축하 놀이를 어디에서 해볼까?

③ 유아들이 이야기한 내용대로 '생일축하 놀이'를 한다.
- 생일축하 놀이에 친구들을 초대해 보자.
- 역할놀이에 참여하지 않던 유아도 손님으로 초대하여 함께 놀이할 기회를 마

련한다.

④ 역할놀이가 끝나면 서로 도와 놀잇감을 제자리에 정리한다.

추후활동 생일 초대장 만들기

〈함께 보면 좋은 그림책〉

- 오늘은 내가 주인공, 마리알린 바뱅 글, 크리스토프 르 만 그림, 이주희 옮김, 시공주니어, 2008
- 토끼 아저씨와 멋진 생일 선물, 샬롯 졸로토 글, 모리스 샌닥 그림, 고정아 옮김, 보림, 2000
- 마녀 위니의 생일 파티, 밸러리 토머스 글, 코키 폴 그림, 조세현 옮김, 비룡소, 2008

8. 이삿짐을 날라요

이사 가는 날

야마모토 쇼조 글, 스즈키 마모루 그림, 크레용하우스, 2001

동화내용

아파트에 살던 우리 가족은 전원주택으로 이사를 가게 된다. 새 집에는 나와 동생방도 생긴다고 해서 설렌다. 가족들은 이사 준비를 하느라 바쁘다. 이사를 할 때에 필요한 준비물과 내가 도울 수 있는 일들과 동물 친구들의 이사 준비를 꼼꼼히 살피고 이사를 가기 전 친구들과 인사를 나누고 헤어진다.

이사 가는 날, 노란 이삿짐 트럭을 타고 이삿짐센터 아저씨들이 와서 짐을 상자에 실어 나른다. 이사를 마친 후 옆집에 인사를 하고, 이사 간 다음날 아빠랑 일찍 자전거 타고 동네 한 바퀴 돌며 앞으로 다닐 학교도 둘러본다. 나는 새로 사귄 옆집 친구랑 마당에 꽃씨를 심는다.

활동목표 이삿짐 센터에서 하는 일에 대해 안다.
극놀이를 통해 다른 사람의 역할을 이해한다.

활동자료 그림책 〈이사 가는 날〉, 포장상자, 바구니, 장갑, 모자 등

활동방법

① 이사 가본 경험에 대해 이야기 나눈다.
- 이사 가기 전 해야 할 일은 어떤 것이 있을까? (이사 전 준비)
- 이사를 할 때에 필요한 준비물들에는 무엇이 있나?
- 어디에서 어디로 이사 갔었니? 왜 이사를 가게 되었니?
- 이사할 때 기분은 어땠니?
- 내가 도울 수 있는 일들은 어떤 것이 있을까?

② 그림책 〈이사 가는 날〉을 읽고, 이삿짐 센터에 대해 이야기 나눈다.
- '이삿짐 센터'는 어떤 곳일까?
- 이삿짐 박스 안에는 무엇이 들어있을까?
- 집안에 있던 물건들이 트럭의 어느 곳에 실려 있는지 찾아볼까?

③ 이삿짐을 나를 때 필요한 것과 옮기는 방법에 대해 알아본다.
- 이삿짐을 나를 때 필요한 것은 어떤 것들이 있을까?
(사다리차, 이삿짐 차, 빈 상자, 장갑, 끈, 테이프 등)

- 큰 짐(옷장, 피아노, 침대 등)을 옮길 때는 어떻게 하면 될까, 무엇이 필요할까?
- 어떤 이삿짐을 먼저 옮겨야 할까?
  (크고 무거운 것부터 먼저 싣고, 작고 가벼운 것들은 나중에 싣는다)

④ 역할을 정하여 〈이삿짐 센터〉 놀이를 해본다.

- 이삿짐 센터 놀이를 하려면 누가 있어야 할까?
  (전화 상담원, 인부, 트럭 운전사, 사다리차 운전사 등)
- 무엇이 필요할까? (전화기, 계약서, 빈 박스, 끈, 테이프 등)
- 이삿짐 트럭(사다리차)은 어떻게 준비하면 될까? (냉장고 박스 등을 이용해 유아들의 공동 작업으로 준비할 수 있다)

확장활동 우리 집 내부 평면도 그리기
이삿짐 나르기, 정리하기 게임
이삿짐 트럭 안에 옮길 물건 그리기

〈함께 보면 좋은 그림책〉

- 이사 가는 날, 김세온 글 · 그림, 비룡소, 2001
- 내 방아, 안녕!, 마리알린 바뱅 글, 크리스토프 르 만 그림, 이주희 옮김, 시공주니어, 2008
- 오늘은 무슨 날?, 콘스턴스 W. 맥조지 글, 메리 와이트 그림, 신형건 옮김, 보물창고, 2007

9. 그림자 극놀이

괴물들이 사는 나라

모리스 샌닥 글 · 그림, 강무홍 옮김, 시공주니어, 1994

동화내용

보름달이 비치는 달밤에 맥스는 엄마한테 꾸지람을 듣고 배를 타고 상상의 세계로 떠난다. 괴상하게 생긴 땅딸막한 몸집의 괴물들은 노란 눈알을 뒤룩뒤룩 굴리며 덩실덩실 춤을 추며 축제를 벌이고 있다. 맥스는 마법을 걸어 괴물들을 꼼짝 못하게 하고 괴물 나라의 왕이 되어 축제를 즐긴다. 축제가 끝나자 맥스는 현실로 돌아오고 싶어 한다. 괴물들과 헤어져 배를 타고 돌아온 맥스의 방에는 따뜻한 저녁상이 맥스를 기다리고 있다.

활동목표 그림책을 읽고 역할극으로 표현해 볼 수 있다.

활동자료 그림책 〈괴물들이 사는 나라〉, 스크린, 괴물 가면, OHP

활동방법

① 그림책 〈괴물들이 사는 나라〉를 읽고 이야기 나눈다.
- 이 이야기 속에는 누가 나왔니?
- 맥스에게는 어떤 일이 일어났니?

② 역할극에 대한 계획을 세우고, 필요한 소품을 준비한다.
- 역할극 〈괴물들이 사는 나라〉에는 몇 명이 나오니?
- 역할극을 하려면 어떤 것들이 있어야 될까?
- 괴물의 가면을 만들어 보자.

③ OHP를 이용해 그림자를 만들고 스크린 뒤에서 괴물의 모습을 흉내 내 본다.
- 음악에 맞추어 스크린 뒤에서 '괴물파티'를 열어 본다.
- 다양한 몸짓을 보며 어떤 친구인지 알아맞혀 본다.

확장활동 전지 위에 자신의 몸을 이용해 그림자를 만들고 꾸미기

〈함께 보면 좋은 그림책〉
- 그림자, 블레즈 상드라르 글, 마샤 브라운 그림, 김서정 옮김, 보림, 2003

10. 산책 가는 길 (무언극)

로지의 산책

팻 허친스 글,그림, 오정환 옮김, 더큰컴퍼니, 2007

동화내용

한가로운 시골 농장의 닭인 로지는 산책을 나선다. 그런데 너무 배가 고파 로지를 잡아 먹으려는 여우가 로지의 뒤에서 발소리를 죽이며 살금살금 뒤따라간다. 그러나 로지는 그런 사실을 전혀 눈치채지 못하고 오히려 여유만만, 우아하게 산책을 즐긴다. 로지를 잡아 먹으려 여우는 호시탐탐 기회를 엿보지만 매번 뾰족한 쇠스랑에 찔리고, 늪에 빠지고, 건초더미에 깔리고, 밀가루를 뒤집어쓰는 등 수난을 당하게 되고 결국 벌집을 건드려 멀리 도망치고 만다. 이러한 위험에도 전혀 아랑곳하지 않고 로지는 산책을 마치고 저녁식사 시간에 맞춰 집으로 무사히 돌아간다.

활동목표 주위 환경에 대해 관심을 가지고 환경의 소중함을 안다.
아름다운 환경을 감상할 수 있다.

활동자료 그림책 〈로지의 산책〉, 극놀이 소품, 음악자료(헨리 만시니(H. Mancini)-아기코끼리의 걸음마)

활동방법

① 산책길에 대해 이야기 나눈다.
- 산책은 왜 할까?
- 산책 길은 어떤 곳이 좋을까?
- 로지가 집을 나와서 산책한 곳을 그려 보자.

② 그림책 〈로지의 산책〉을 다시 읽고, 등장인물의 표정과 움직임을 살펴본다.
- 로지와 여우의 표정과 걸음걸이를 흉내 내 보자.
- 로지와 여우를 보고 있던 다른 동물들의 표정은 어땠니?
- 로지를 쫓아가는 여우의 기분은 어떨까?
- 로지의 산책길은 어떻게 꾸밀 수 있을까?

③ 역할을 정하여 극놀이를 하고, 놀이가 끝난 후 이야기 나눈다.
- 무언극을 해보니까 어떤 느낌이 들었니?
- 어떤 부분이 제일 재미있었니?

③ 유치원 주변의 놀이터나 가까운 공원으로 산책을 계획한다.

확장활동

- 동네를 산책하며 찍어 온 사진을 전시하고 감상한다.
- 사진 자료와 그림자료를 가지고 '산책을 다녀와서' 라는 주제로 이야기 나누기를 연계하여 진행할 수 있다.

〈함께 보면 좋은 그림책〉

· 씩씩한 마들린느, 루드비히 베멀먼즈 글 · 그림, 이선아 옮김, 시공주니어, 1994

· 산책을 해요, 다카코 히로노 글 · 그림, 엄기원 옮김, 한림출판사, 2002

11. 김장을 담가요

오늘은 우리 집 김장하는 날

채인선 글, 방정화 그림, 보림, 2001

동화내용

선미네 집 뒤꼍에 사는 생쥐엄마는 한 번도 김치를 담가 본 적이 없어 선미네 집에서 김장하는 것을 그대로 따라하면서 김장을 담근다. 선미네는 할머니, 아버지, 이웃들이 거들어 주어 산더미 같은 김장도 금새 끝나고 생쥐네도 무사히 김장을 마친다. 모두들 모여 앉아 배추 보쌈을 먹고, 이웃들은 정겹게 한 바가지씩 김장을 안고 돌아간다. 김장을 다 마친 선미네 장독대에는 눈이 내린다.

활동목표 김장에 관심을 갖고, 김장하기를 통해 우리 음식 문화를 경험한다.

활동자료 그림책 〈오늘은 우리 집 김장하는 날〉, 김장 재료(배추, 무, 마늘, 생강, 고춧가루, 새우젓 등), 앞치마, 비닐장갑, 도마와 칼, 소쿠리, 항아리

활동방법

① 김치 담그는 것을 본 경험에 대해 유아들과 이야기 나눈다.
- 김치 담그는 것을 본 적이 있니?
- 김장은 왜 할까?
- 김치를 담그려면 어떤 재료들이 있어야 할까?

② 그림책 〈오늘은 우리 집 김장하는 날〉을 보며 김치 담그는 방법과 순서를 알아본다.
- 김치 담글 때 어떤 순서대로 해야 할까?
  (배추 뽑기 – 재료 다듬기 – 배추 절이기 – 배추 건져내기 – 물에 헹구기 – 물 빼기 – 배추 소 만들기 – 배추 소 넣기 – 항아리에 담기)
- 다 된 김치는 어디에 둘까?

③ 미리 절여 놓은 배추를 생 배추와 비교해 본다.
- 배추가 어떻게 변했니?
  (전날 활동 중 배추 다듬기와 절이기 과정을 관찰할 수 있도록 한다)

④ 비닐장갑을 끼고 배추(양념) 소를 배추 포기 속에 켜켜이 넣는다. 배추 속잎에 양념을 넣어 맛을 보고 느낌에 대해 이야기 나눈다.
- 배추 속에 양념을 싸서 먹으니 맛이 어떠니?

- 배추 소는 배추의 어디부터 넣으면 좋을까?

⑤ 완성된 김치를 김치통이나 김치 항아리에 담는다.

⑥ 서늘한 곳에 보관한다.

〈함께 보면 좋은 그림책〉

· 김치를 한 입에 쏙!, 정미라 글, 이은심 그림, 아이코리아, 2007

· 김치는 싫어요?, 최신양 글, 나애경 그림, 보림, 1995

쌓기놀이

1. 그림책으로 만들어요

활동목표 그림책의 외형적 특징을 이용하여 다양한 조형물을 구성한다.

활동자료 다양한 종류의 여러 권의 책

활동방법

① 여러 권의 책을 소개한다.

- 오늘은 이 그림책들을 이용해서 재미있는 놀이를 해보려고 하는데 어떤 놀이를 할 수 있을까?
- 그림책을 세워볼 수 있을까?
- 어떻게 하면 쓰러지지 않을까?

② 유아들에게 그림책을 직접 세워 보도록 하고 각자 제안한 방법을 격려한다.

- 그림책으로 집을 지을 수 있을까?
- 만약 우리가 그림책으로 만든 집에서 산다면 어떨까?
- 어떤 모양으로 만들어야 우리가 들어갈 수 있을까?

③ 유아들과 함께 그림책을 세워서 울타리를 만들고 그 안에서 자유롭게 놀이하는 시간을 갖는다.

- 그림책으로 만든 집에서 ○○는 무엇을 했니?
- 어떤 점이 재미있었니?
- 그림책으로 만들어 보고 싶은 것에는 어떤 것들이 있니?
- 왜 그것이 만들고 싶니?
- 오늘 집을 만들면서 그림책에 대해 새롭게 발견한 것이 있니?

확장활동 책으로 만든 다양한 그림을 보여 주며 책으로 다양한 구성물을 만들어 본다.

J. 아르침볼도 『도서관 사서』

J. 시라『책이 정말 좋아!』

〈함께 보면 좋은 그림책〉

- 우리 형, 앤서니 브라운 글 · 그림, 허은미 옮김, 웅진주니어, 2007
- 책이 정말 좋아!, 주디 시라 글, 마크 브라운 그림, 김서정 옮김, 큰북작은북, 2005

2. 똑같이 만들어요
자꾸자꾸 모양이 달라지네
팻 허친스 그림, 보물창고, 2006

동화내용

나무 블록 아이 두 명이 나무 블록들을 보고 뭔가를 생각하더니 이리 저리 옮겨서 둘이 살기에 딱 알맞은 집을 만든다. 타닥타닥, 집에 불이 붙자 아이들은 블록을 옮겨 소방차를 만든다. 하지만 물을 너무 많이 뿌려 물바다가 되자, 불에 타서 거뭇거뭇해진 나무 블록을 버리고 배를 만든다. 여행 끝에 배가 육지에 닿자 자동차를 만들고, 멈춰 선 자동차를 밀어 보다가 다시 기차를 만들어 여행을 계속한다. 그리고 기차 선로의 끝에 다다르자 다시 처음 만든 집과 거의 비슷한 새 집을 만든다.

활동목표 친구들과 협력하여 계획한 일에 적극적으로 참여한다.

활동자료 그림책 〈자꾸자꾸 모양이 달라지네〉, 그림책(각 장면을 복사한 것), 유니트 · 원목 · 공간(hollow) 블록

활동방법

① 그림책 〈자꾸자꾸 모양이 달라지네〉를 보고 순서대로 이야기를 만들어 보자.
- 주인공은 누구일까?
- 어떤 이야기일까?

② 2~3명이 함께 그림책을 보고 한 장면씩 블록아이들이 만든 물건들을 만들어 본다.
- 블록아이들이 만든 것은 무엇이었니? (나무집, 소방차, 배, 자동차, 기차)
- 그림책을 보고 똑같이 만들어 볼까?
- 이 이야기에 더 넣고 싶은 장면을 만들어 보자.

③ 만든 구성물을 보며 이야기를 꾸며 본다.
- 구성물들을 보며 이야기를 만들어 보자.
- 순서를 바꾸어 이야기를 만들어 볼까? 다른 이야기가 되었네.

참고사항 유아들이 만든 구성물을 사진을 찍어 전시하거나 책으로 꾸며 볼 수 있다.

〈함께 보면 좋은 그림책〉

· 어린이집 블록 놀이, 김영명 글, 강근영 그림, 사계절, 2009

3. 꼬불꼬불 미로

압둘 가사지의 정원

크리스 반 알스버그 지음, 이상희 옮김, 베틀북, 2002

동화내용

어느 날 앨런은 헤스터 아줌마의 부탁으로 프리츠라는 개를 돌봐주게 된다. 무엇이든 물기 좋아하고, 산책하는 것을 좋아하는 프리츠와 함께 산책을 나간다. 다리를 건너서 얼마쯤 걸어가던 앨런은 절대로 정원에 개를 데리고 들어오지 말라는 은퇴한 마법사 압둘 가사지의 경고판을 발견한다. 산책 도중 프리츠는 압둘 가사지의 경고를 무시하고 정원으로 들어간다.

앨런은 두려웠지만 개를 찾기 위해 압둘 가사지를 찾아간다. 개를 싫어하는 압둘은 프리츠를 이미 오리로 만들어 버렸다. 오리가 된 프리츠를 데리고 돌아오는데 갑자기 바람이 불어와 앨런의 모자가 날아간다. 오리는 공중으로 날아올라 모자를 물고 하늘로 날아가 버린다. 앨런은 해스터 아줌마네로 돌아와 오늘 있었던 이야기를 하는데 부엌에서 프리츠가 앨런의 모자를 갖고 달려 나온다.

활동목표 친구와 협력하며 계획한 일에 적극적으로 참여한다. 공간구성 능력을 기른다.

활동자료 그림책 〈압둘 가사지의 정원〉, 종이벽돌 블록, 유니트 블록, 설계도

활동방법

① 그림책 〈압둘 가사지의 정원〉을 읽고, 미로에 대해 이야기 나눈다.
- 앨런과 프리츠는 마법사 압둘 가사지의 정원에 왜 들어갔을까?
- 프리츠를 찾아 들어가게 된 압둘 가사지의 정원의 모습을 그려 보자.
- 미로는 어떤 것일까?

② 압둘 가사지의 정원을 어떻게 만들 것인지 설계도를 그려 본다.

③ 여러 가지 블록으로 설계도를 보며 압둘 가사지의 정원을 만들어 본다.

확장활동
- 쌓기 영역에서 만든 구성물을 사진 찍어 출력한 후 제목을 지어 벽에 게시하기
- 두 팀으로 나누어 미로를 만들고, 팀을 바꾸어 미로찾기 게임을 한다.

4. 아주아주 작은 세상

주먹이

김중철 글, 이혜리 그림, 웅진주니어, 1998

동화내용

주먹이는 아이가 없는 부부들에게 부처님이 보내주신 선물이다. 알에서 태어난 주먹이는 주먹 만한 크기라 이름이 주먹이다. 부모의 사랑을 듬뿍 받고 자란 주먹이가 어느 날 아버지와 낚시를 하러 간다. 아버지 주머니 속에서 갑갑했던 주먹이는 주머니에서 빠져나와 풀밭으로 산책을 하다가 풀을 뜯어먹고 있는 소에게 잡아먹힌다. 소똥과 함께 떨어져버린 주먹이를 매가 채어 가고, 독수리가 주먹이를 빼앗으려다 강물에 떨어뜨려 물고기가 한 입에 삼킨다. 운 좋게도 아버지가 잡은 고기 뱃 속에서 구해진 주먹이를 아버지는 주머니에 넣고 다니며 조심스레 잘 돌봐준다.

활동목표 그림책을 읽고 자신의 생각을 자유롭게 표현해 본다.
작은 블록으로 구성하여 보는 경험을 갖는다.

활동자료 그림책 〈주먹이〉, 작은 블록(레고), 유니트 블록, 공간 블록, 케익 상자, 구두 상자

활동방법

① 그림책 〈주먹이〉를 읽고, 주먹이가 겪었던 일들에 대해 이야기 나눈다.
- 주먹이의 크기는 얼마만 할까?
- 주먹이가 사는 곳과 놀잇감, 필요한 물품 등을 만들어 보자.

② 작은 사람들이 나오는 그림책은 또 어떤 것들이 있을까?
(엄지공주, 피터팬, 걸리버 여행기, 요정들과 구두장이 등)

③ 작은 블록으로 작은 사람들이 사는 집을 만들어 보자.
- 작은 사람들이 사는 마을은 어떤 것으로 만들 수 있을까?
- 케이크 상자나 구두 상자에 작은 블록을 이용하여 만들어 본다.

④ 유아들이 만든 작품을 함께 모아 작은 마을을 꾸민다.

⑤ 만약 우리가 작은 마을에 간다면 어떤 일이 생길지 상상해 보고, 이를 글과 그림으로 표현해 본다.

〈함께 보면 좋은 그림책〉

- 아주 아주 작은 손님, 채인선 글, 나애경 그림, 시공주니어, 2003
- 땅꼬마 산타클로스, 아누 슈토너 글, 헨리케 빌존 그림, 이현정 옮김, 달리, 2002
- 엄지공주, 박민호 지음, 보바 그루즈도프 그림, 삼성출판사, 2003
- 걸리버, 장 피에르 케를록 지음, 신혜정 옮김, 다섯수레, 2005
- 요정들과 구두장이, 베르나데트 지음, 허은미 옮김, 비룡소, 2005
- 장난감 형, 윌리엄 스타이그 지음, 이경임 옮김, 시공주니어, 2002

5. 차례로 쌓아요

낮잠 자는 집

오드리 우드 글, 돈 우드 그림, 조숙은 옮김, 보림, 2000

동화내용

주룩주룩 비가 오는 어느 날 오후. 낮잠 자는 집에서는 모두 다 잠을 잔다. 집 안에는 폭신폭신한 침대가 있다. 침대 위에는 드르렁 코고는 할머니, 그 위에는 음냐 음냐 꿈꾸는 꼬마, 그 위에는 끄떡끄떡 조는 개, 그 위에는 깜박 잠든 고양이, 그 위에는 꼬박꼬박 조는 쥐가 잠을 잔다.

그런데 쥐 위에 벼룩이 한 마리 말똥말똥 깨어 있다가 쥐를 콱 물어서, 쥐가 고양이를 깜짝 놀라게 해서, 고양이가 개를 할퀴고, 개가 꼬마 위로 떨어지고, 꼬마가 할머니와 부딪쳐서, 할머니가 떨어져 침대가 부서져서 따뜻한 햇살에 무지개가 뜬 마당에 모두 나와 놀고 있다.

활동목표 순서대로 블록을 쌓으며 균형을 잡는다.

활동자료 그림책 〈낮잠 자는 집〉, 아기 침대, 인형(가족 인형, 동물 인형 등)

활동방법

① 그림책 〈낮잠 자는 집〉을 읽고 동화의 내용에 대해 이야기 나눈다.

- 낮잠 자는 집에는 누가 살고 있었니?
  (할머니, 꼬마, 개, 고양이, 쥐, 벼룩)
- 낮잠은 왜 자는 걸까?
- 그림책의 각 장면마다 등장인물이 어디에 있는지, 무엇이 어떻게 달라졌는지 찾아본다.
- 그림책의 첫 장면과 마지막 장면을 비교해 보자.

② 역할을 나누어 아기 침대 위에 여러 인형을 차례로 올려놓아 본다.

- 높이 쌓을 수 있는 것은 어떤 것이 있을까?
- 아기 침대에 인형을 올려놓아 볼까?
- 교사와 유아가 함께 운율에 맞추어 책을 읽으며 순서대로 인형을 쌓아본다.
- 인형의 특징을 찾아 수식어를 만들어 보고, 크기 순서대로 쌓아본다.
  (팔 벌리고 자는 곰돌이, 하품하는 강아지 등...)

③ 크고 넓은 것부터 차례대로 블록을 높이 쌓아본다.

- 높이 쌓을 때 블록이 무너지지 않으려면 어떻게 하면 좋을까?
- 블록을 무너지지 않게 내려놓으려면 어떻게 해야 할까?

6. 과자로 만든 집

헨젤과 그레텔

그림 형제 글, 앤서니 브라운 그림, 장미란 옮김, 비룡소, 2005

동화내용

헨젤과 그레텔은 새엄마에 의해 숲속에 버려지게 된다. 헨젤과 그레텔은 숲속을 돌아다니다 과자로 만든 집을 발견하곤 그 과자집의 과자를 먹게 된다. 그때 과자 집에 살고 있던 마녀가 나타나서 헨젤을 우리에 가두고 그레텔은 하녀로 삼고, 헨젤과 그레텔을 잡아먹으려 한다. 마녀가 헨젤을 가두고 아궁이에 불을 지필 때, 동생 그레텔은 마녀를 아궁이 불 속으로 밀어넣어 마녀는 불타 죽게 된다. 그레텔은 헨젤을 구하고 마녀의 집에서 보석을 가지고 집으로 돌아가서 아버지와 함께 행복하게 살았다.

활동목표 그림책에 흥미를 가지며, 책을 즐겨본다.
그림책을 읽고 자신의 생각과 느낌을 표현해 볼 수 있다.

활동자료 그림책 〈헨젤과 그레텔〉, 집 모형본, 과자. 밀가루 풀

활동방법

① 그림책 〈헨젤과 그레텔〉을 읽고, 이야기 나눈다.
- 헨젤과 그레텔의 느낌을 이야기해 보자.
  (숲에서 길을 잃었을 때, 과자로 된 집을 찾았을 때, 마녀를 만났을 때 등)
- 마녀에게 하고 싶은 말이 있니?

② 헨젤과 그레텔의 내용 중 일부를 바꾸어 다른 이야기로 만들어 본다.
- 이야기의 내용을 바꾸고 싶은 부분이 있니?
- 어떻게 바꾸고 싶니?
- 다른 이야기를 만들어 보자.

③ 그림책을 보며 과자로 만든 집에 대해 이야기해 본다.
- 헨젤과 그레텔이 숲 속에서 찾은 과자로 만든 집을 살펴보자.
- 과자로 집을 만들 수 있을까?
- 어떻게 하면 될까?
- 어떤 집을 짓고 싶니?

④ 종이 모형본 위에 밀가루 풀을 바르고 과자를 붙여 집을 꾸민다.

참고사항 종이 모형본 대신 카스테라 빵으로 기본 모형을 만들고 크림을 씌우면서 집을 꾸밀 수도 있다.

〈함께 보면 좋은 그림책〉

· 헨젤과 그레텔, 그림 형제, 김정미 지음, 양혜원 그림, 베틀북, 2005

· 헨젤과 그레텔, 안드레아 페트릭 그림, 예림당, 2007

7. 얼음집을 지어요

이글루를 만들자

울리 쉬텔처 지음, 곽성화 옮김, 비룡소, 2003

동화내용

추운 북극에서 아저씨는 아들 조피와 함께 이누이트(에스키모인)들이 어떻게 이글루를 만드는지 보여 준다. 눈을 벽돌 모양으로 커다랗게 잘라내서 이글루를 짓는다. 천장까지 다 막고 나면 안에서부터 출입구를 내어 기어 나온다. 그리고 남은 눈으로 눈 벽돌 사이의 틈을 메우고 밖이 보이도록 얼음 유리도 만든다.

마지막으로 굴뚝을 만들고 창을 내고, 현관을 따로 달아내어 마치 누워 있는 눈사람 같은 이글루가 완성된다. 이글루는 추울 때면 물을 뿌리는데 그 이유는 물이 얼면서 열을 내기 때문이다. 반대로 여름에는 물을 뿌리면 물이 증발하면서 시원해지게 된다.

활동목표 날씨와 사람들의 주거 모습에 관심을 가진다.
벽돌을 쌓아 얼음집을 구성해 본다.

활동자료 그림책 〈이글루를 만들자〉, 얼음집 화보, 흰색 종이로 싼 벽돌 블록들

활동방법

① 하얀색 종이로 싼 벽돌 블록을 블록장 안에 비치하고 얼음집 만드는 사진자료를 벽에 게시해 둔다.

② 그림책 〈이글루를 만들자〉를 보며 얼음집 만드는 과정과 이누이트인들의 생활에 대해 이야기 나눈다.
- 추운 곳에 사는 사람들은 어떤 집에서 살까?
- 추운 지방에서 살려면 집안에 어떤 것들을 두면 좋을까?
- 얼음집 안에서 춥지 않게 하려면 어떻게 하면 될까?

③ 벽돌로 얼음집을 구성하고 장식하여 마무리한다.
- 얼음집 안에 창문은 어디에 만들까?
- 바람이 들어오지 않도록 하려면 어떻게 하면 될까?
- 누구네 얼음집인지 어떻게 알 수 있을까?

④ 놀이 후 꾸며진 얼음집을 감상하고 놀이하며 서로의 의견을 교환한다.
- 무엇이 더 있으면 좋을까?
- 얼음집을 오랫동안 보려면 어떻게 하면 좋을까?

〈함께 보면 좋은 그림책〉

· 내 어린 시절의 북극, 노르미 에쿠미악 지음, 이혜선 옮김, 사계절출판사, 2005
· 잘 자요, 아기북극곰, 로렌 톰슨 글, 스티븐 새비지 그림, 윤여림 옮김, 웅진닷컴, 2004
· 빙산 루리와 함께 북극에서 남극까지, 타카마도 히사코 지음, 문학동네어린이, 1999

1-1. 물놀이가 좋아요 1

– 샤워기 탐색하기(영아를 위한 활동)

목욕은 즐거워

교코 마스오카 글, 하야시 아키코 그림, 한림출판사, 1996

동화내용

나는 혼자서 목욕을 하러 욕실에 들어간다. 장난감 오리 푸카에게 물을 끼얹어 주기도 하고 혼자서 비누칠을 하면서 열심히 몸을 씻고 있는데, 갑자기 욕조에서 거북이가 튀어나온다. 뒤이어 펭귄도 나오고, 물개도 나온다. 물개는 입으로 예쁜 비눗방울을 내뿜어준다. 뚱뚱한 하마는 비누거품이 터지는 소리에 깜짝 놀라고, 상민이는 하마의 몸을 씻겨주는데, 고래가 나타나 소나기를 뿌려주어 덕분에 비누거품이 씻겨 내려간다. 나는 물속에서 숫자놀이도 하고 동물친구들과 재미있게 놀다가 엄마가 부르는 소리를 듣고 오리 친구 푸카를 데리고 목욕탕을 나온다.

활동목표 놀이를 통해 물의 성질을 탐색한다.
샤워기에서 나오는 다양한 물줄기를 체험하고, 느낌을 말로 표현할 수 있다.

활동자료 그림책 〈목욕은 즐거워〉, 우산, 수영복

활동방법

① 집에서 물을 가장 많이 사용하는 곳을 알아본다.
- 샤워기는 언제 사용할까?
- 어떻게 사용하는지 이야기해 보자.

② 그림책 〈목욕은 즐거워〉를 읽고, 이야기 나눈다.
- 아이는 목욕하면서 동물친구들과 어떤 놀이를 했니?
- 목욕탕에 나온 동물 친구들은 누가 있었지?
- 목욕탕에서는 어떤 놀이를 할 수 있을까?

③ 화장실의 샤워기를 영아가 직접 틀어보고 다양한 물줄기를 관찰한다.
- 고래가 소나기처럼 뿌려준 물을 어떻게 만들 수 있을까?
- 세게(약하게) 틀었을 때 손에 닿는 느낌이 어떠니?
- 샤워기 물을 세게(약하게) 틀어보자.

④ 샤워기를 대신해서 물을 뿌릴 수 있는 것을 준비한다.

- 물 뿌리개, 빈 PET 병에 구멍을 뚫어 만든 것 등

⑤ 우산을 쓰고 샤워기의 물을 맞으면 어떤 느낌이 드는지 체험해 본다.

- 샤워기 물을 우산으로 잘 막아보자.
- 세게 틀었을 때 느낌이 어떨까?

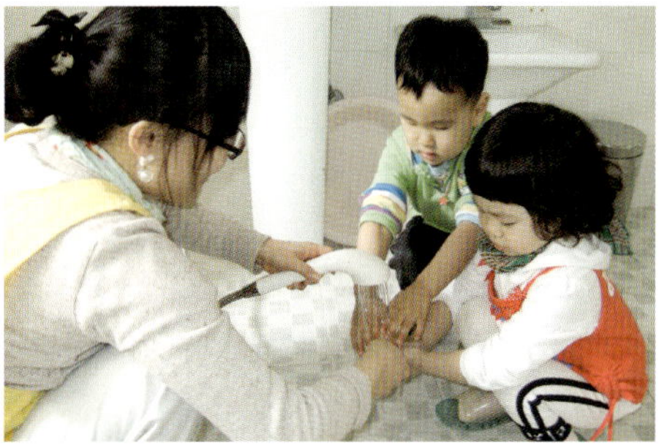

참고 :

1. 샤워기 대신 물뿌리개를 이용할 수 있다.
2. 화장실 안전에 대해 이야기 나눈다.

〈함께 보면 좋은 그림책〉

- 아이, 시원해, 보물섬 지음, 돌베개어린이, 2003
- 아이 시원해, 허은미 지음, 웅진출판, 2005
- 코끼리 형님의 나들이, 나카노 히로다카 지음, 한림출판사, 1989
- 목욕은 즐거워, 사이먼 퍼톡 글, 메리 맥퀼런 그림, 윤선아 옮김, 한국삐아제, 2002
- 셜리야 목욕은 이제 그만, 존 버닝햄 지음, 최리을 옮김, 비룡소, 2004

1-2. 물놀이가 좋아요 2

– 인형 목욕시키기(유아를 위한 활동)

목욕은 정말 싫어!

앰버 스튜어트 글, 로라 랭킨 그림, 민유리 옮김, 베틀북, 2006

동화내용

좋아하는 것과 싫어하는 것이 분명한 아기토끼는 귀를 씻는 것을 가장 싫어한다. 아기토끼는 귀를 씻지 않으려고 여러 가지 방법으로 무척 애를 쓴다. 그러던 어느 날, 아기토끼네 집에 사촌 형이 놀러 온다. 사촌형은 아기토끼와 재미있는 놀이를 하고 나서는 혼자서 목욕을 하고 귀를 씻는다. 형처럼 큰 토끼들은 혼자서 귀를 씻는 것이라고 생각한 아기토끼는 자신도 빨리 커서 형네 집에 놀러 가고 싶어 혼자 귀를 씻고 목욕하는 연습을 한다. 미침내 좋아하는 사촌형네 가서 즐겁게 놀고 혼자 목욕을 하며 귀를 씻고 잠자리에 든다.

활동목표 목욕의 순서와 필요성을 이해한다.
건강을 위해 몸을 깨끗이 해야 함을 안다.

활동자료 그림책 〈목욕은 정말 싫어!〉, 플라스틱 인형, 큰 목욕통, 비누, 수건, 로션 빈 통.

활동방법

① 그림책 〈목욕은 정말 싫어!〉를 읽고 아기 토끼의 목욕하기에 대해 이야기 나눈다.

- 목욕은 왜 할까? 언제 하는 것일까?
- 아기 토끼는 왜 목욕하기 싫어했을까?
- 사촌 형과 목욕할 때 아기 토끼의 기분은 어땠을까?

② 목욕할 때 필요한 것과 주의할 점을 이야기 나눈다.

- 목욕할 때 무엇을 조심해야 할까?
- 목욕할 때 필요한 것은 무엇일까?

- 우리 반에 있는 토끼 인형을 목욕시킬 수 있겠니?

③ 다양한 목욕 용품을 이용하여 인형을 목욕시키도록 한다.

- 지금 ○○의 기분은 어떨까?
- 닦지 않은 부분이 없는지 살펴본다.

④ 인형을 목욕시킨 후 수건으로 닦고 로션 바르기 등의 활동을 한다.

- 목욕시키고 난 후의 느낌을 이야기해 보자.
- 목욕시키고 난 후에 화장실(욕조) 정리는 어떻게 할까?
- 목욕시키기에서 재미있었던 점은 무엇이었니?

확장활동 쌓기나 역할 놀이 영역에 인형 목욕탕을 만든 후 목욕 놀이를 할 수 있다.

〈함께 보면 좋은 그림책〉

- 개구쟁이 해리, G.자이언 지음, 임정재 옮김, M.그래엄 그림, 언어세상, 2001
- 목욕 안 할 거야!, 브리기테 베닝거 글, 스테파니 뢰에 그림, 김희정 옮김, 삐아제어린이, 2008
- 아빠랑 목욕해요, 와타나베 시게오 글, 그림 오오토모 야스오, 김숙 옮김, 북뱅크, 2004

2. 목욕탕에서 놀아요

우리는 벌거숭이 화가

문승연 글, 이수지 그림, 천둥거인, 2005

동화내용

어느 날 남매 진이와 훈이는 엄마가 목욕을 하자고 하는데도 별 재미가 없어서 목욕을 하지 않고 방 안에서 빈둥거린다. 그런데 훈이가 서랍 안에서 예전에 사용하고 남은, 얼굴에 그림을 그리는 물감을 발견하고 남매는 너무 신이 난다. 물감을 열어서 서로의 얼굴에 그림을 그리고는 상상의 섬으로 출발하여 재미있는 물감놀이를 한다. 엄마의 목욕하라는 소리가 들리자 진이와 훈이는 현실로 돌아와 목욕탕으로 달려간다. 목욕팅에 계시던 엄마는 처음에는 남매의 온 몸이 물감투성이여서 깜짝 놀랐지만 웃음으로 맞이하고 같이 목욕을 한다.

활동목표 자신의 생각을 다양한 방법으로 표현해 볼 수 있다.

활동자료 그림책 〈우리는 벌거숭이 화가〉, 바디 페인팅 물감, 붓, 스펀지, 거울, 음악자료

활동방법

① 그림책 〈우리는 벌거숭이 화가〉를 읽고 이야기 나눈다.
- 진이와 훈이처럼 얼굴이나 몸에 그림을 그려본 적이 있니?
- 얼굴을 꾸몄을 때 기분은 어땠니?
- 얼굴에 그림을 그리는 것을 무엇이라고 할까?

② 페이스 페인팅 전용 물감을 소개하고 사용 방법을 알아본다.
- 페이스 페인팅 물감을 칠해볼까?
- 이 물감을 사용할 때 주의할 점은 무엇일까?

③ 물감을 사용하여 얼굴이나 손, 발 등에 그림을 그려본다.
- 친구 얼굴에 그려주고 싶은 사람이 있니?
- 서로 마주보고 앉아서 그림을 그려주자.
- 자기 얼굴을 꾸며보고 싶은 친구는 어떻게 하면 될까?

④ 음악에 맞추어 한 사람씩 친구들에게 자신의 페이스 페인팅을 소개하는 시간을 갖는다.
- 재미있는 얼굴을 꾸민 사람은 누구일까?

- 유아들의 모습을 사진을 찍어 '우리 반 사진첩'에서 볼 수 있도록 해준다.

참고사항 일반 수채화 물감 대신 안전한 페이스 페인팅 전용 물감을 사용한다.

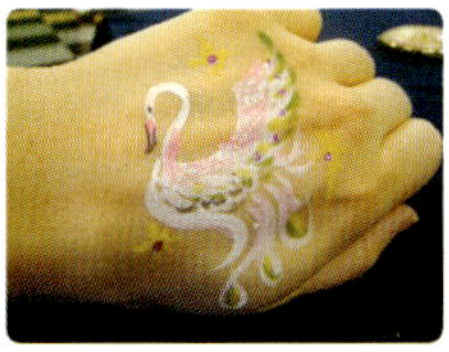

* 출처: 인터넷 다음 사이트

〈함께 보면 좋은 그림책〉
- 그런데 임금님이 꿈쩍도 안해요, 오드리 우드 글, 돈 우드 그림, 보림, 2003
- 비눗방울을 탄 임금님, 요코타 미노루 지음, 한림출판사, 1994

3. 물 페인트 칠하기

피터의 의자

에즈라 잭 키츠 글 · 그림, 이진영 옮김, 시공주니어, 1996

동화내용

집안에서는 마음껏 뛰어놀지도 못하는 피터. 빌딩 쌓기 놀이를 하다 동생 수지가 자고 있으니 조용히 해야 한다는 꾸중을 듣는다. 피터는 예전에 자기가 쓰던 식탁 의자, 침대를 모두 동생을 위해 분홍색으로 칠하는 아빠를 보며 속이 상한다. 피터는 너무 화가 나 강아지와 함께 액자와 의자 하나를 들고 집을 나와 버린다. 집 앞에 사진과 의자를 펼쳐 놓고 한참을 지켜보던 피터는 자신의 의자에 앉아 보려 하지만 너무 작아져 앉을 수가 없자, 마음을 돌려 집으로 돌아가 아빠의 페인트칠을 돕기로 하고, 아빠와 함께 동생의 의자를 색칠한다.

활동목표 물의 촉감을 즐기며, 물이 칠해지고 마르는 변화과정을 관찰한다.
신체 조절 능력을 기른다.

활동자료 그림책 〈피터의 의자〉, 헌 페인트 통(PET 병, 모루), 페인트 붓, 모자, 낮은 사다리

활동방법

① 그림책 〈피터의 의자〉를 감상하고, 동화의 내용에 대해 이야기 나눈다.
- 피터는 왜 집을 나왔을까?
- 피터가 집에서 가지고 나온 것은 무엇이었을까?
- 피터가 동생을 위해서 한 일은 무엇이었니?
- 페인트는 왜 칠하는 걸까?

② 페인트 칠을 할 때 필요한 도구와 방법에 대해 알아본다.
- 페인트 칠 하는 것을 본 적이 있니?
- 페인트 칠을 할 때는 어떤 것들이 필요할까?
- 높은 곳을 칠할 때는 어떻게 하면 될까?

③ 유아들과 함께 물 페인트를 칠할 위치를 정한다.
- 물 페인트를 어디에 칠하면 좋을까?
- 어떻게 하면 이 벽을 다 칠할 수 있을까?

④ 페인트 붓으로 물을 적셔 벽돌이나 콘크리트 벽에 칠한다.

- ○○야, 저기 미끄럼틀에 페인트를 칠해 볼까?
- ○○가 칠한 물이 말라서 점점 없어지는구나.
- 친구들과 함께 칠하니까 어떤 기분이었니?
- 여럿이 같이 하니까 어떤 점이 좋았니?

4. 깨끗해졌어요

도깨비를 빨아버린 우리 엄마

사토 와키코 글 · 그림, 한림출판사, 1991

동화내용

무엇이든 빨기를 좋아하는 엄마는 씩씩하게 팔을 걷어붙이고 집안에 있는 모든 것을 눈 깜짝할 사이에 빨아 뜰과 숲에 잔뜩 빨래줄을 매어 줄마다 가득 널어놓는다. 엄마는 빨랫줄에 매달려 있던 더러운 도깨비를 발견하고는 도깨비도 빨아버린다. 햇볕에 잘 말린 도깨비의 얼굴이 모두 지워진 걸 알고 엄마는 아이들을 불러다가 도깨비의 얼굴을 그려주게 한다. 도깨비는 심술궂은 얼굴이었는데, 아이들 손에서 귀엽고 예쁜 얼굴로 다시 태어난다. 다음날 아침, 자기의 얼굴이 맘에 든 도깨비는 더 많은 도깨비 친구를 불러와 엄마에게 씻겨 달라고 하는데 엄마는 "좋아, 나에게 맡겨!" 라고 힘차게 말한다.

활동목표 빨래 도구의 기능에 관심을 가진다.
비누의 특징과 필요성을 안다.

활동자료 그림책 〈도깨비를 빨아버린 우리 엄마〉, 가루(액체) 비누,
빨랫감(인형 옷, 역할놀이 옷, 소품, 놀이감), 빨래판, 빨랫줄, 빨래 집게

활동방법

① 그림책 〈도깨비를 빨아버린 우리 엄마〉를 보고 빨래하는 방법과 준비물 등을 알아본다.
- 엄마는 무엇을 빨았니?
- 빨래하는 데 필요한 것은 무엇일까?
- 빨래하는 순서, 방법을 알아보자.

② 물이 담겨 있는 대야에 비누를 풀어 놓는다.
- 비누를 넣고 저으니까 어떻게 되었니?
- 비눗물을 만져보니까 어떤 느낌이 드니?
- 왜 빨래할 때 비누를 사용할까?

③ 빨랫감을 색깔(두께, 크기) 별로 분류한다.
- 왜 빨랫감을 색깔 별로 분류해야 할까?

④ 분류한 빨랫감을 대야에 담은 후, 손으로 비벼 빨아 본다.

⑤ 물에 여러 번 헹군 다음 꼭 짜서 빨랫줄에 빨래집게를 이용하여 넌다.

- 물에 헹구니까 비눗물이 어떻게 되었니?
- 빨랫감이 꼭 짜지지 않을 때는 어떻게 하면 좋을까?
- 친구와 같이 짜보자. 어떻게 하면 될까?

확장활동
- 도깨비의 지워진 얼굴을 그려주기
- 우리 가족의 빨래 분류하기

* 출처: 여성가족부(2007). 1세 보육프로그램. p 233

〈함께 보면 좋은 그림책〉
· 도깨비를 다시 빨아버린 우리엄마, 사토 와키코 글 · 그림, 엄기원 옮김, 한림출판사, 2004
· 14마리의 빨래하기, 이와무라 카즈오 글 · 그림, 이영준 옮김, 한림출판사, 2003

5-1. 배를 띄워요 1

– 웅덩이에서 놀아요 (영아를 위한 활동)

비 오는 날 웅덩이에서*

데이비드 맥페일 글 · 그림, 김현숙 옮김, 베틀북, 2002

동화내용

갑자기 장대비가 퍼붓는 날, 꼬마는 설레는 마음으로 배를 띄우러 밖에 나간다. 장난기가 많은 개구리가 다가오더니 배를 빼앗아 웅덩이에서 타며 돌려주지 않자 악어가 내 배를 물어서 도로 찾아다 준다. 다시 배를 띄우려 하자 튜브를 몸에 두른 돼지가 나타나서 온통 흙탕물을 내 옷에 튀겨 놓는다. 배를 띄워 볼 틈도 없었는데 커다란 코끼리가 나타나더니, 물을 다 마셔 버려서 웅덩이가 없어진다.

나와 동물친구들이 소리를 지르자 코끼리는 다시 물을 푸우~ 내뿜고는 사라져 버린다. 코끼리가 사라지자 해님이 다시 구름 밖으로 얼굴을 내밀고, 친구들도 가 버리고 웅덩이 물도 말라버린다. 나는 배를 들고 집으로 돌아와 엄마가 가득 받아놓은 따스한 물에 몸을 담그고 나는 혼자서 오래오래 배를 띄운다.

활동목표 하늘에서 내리는 비를 관찰한다.
발로 물을 걸을 때마다 튀기는 빗물을 관찰한다.

활동자료 그림책 〈비 오는 날 웅덩이에서〉, 우산(우비), 장화

활동방법

① 그림책 〈비 오는 날 웅덩이에서〉를 영아와 함께 읽는다.
- 비가 오고 나면 고여 있는 물을 '웅덩이' 라고 한다.
- 비 오는 날 우리도 웅덩이에서 놀이해 볼까?

② 비가 오고 난 후 영아들과 우비와 장화를 신고 바깥으로 나가 본다.

③ 영아와 고여 있는 빗물 웅덩이를 찾아보고 탐색해 본다.
- 여기 웅덩이에 빗물이 고여 있네.
- 웅덩이에 들어가서 첨벙첨벙 물을 튕겨볼까?
- 웅덩이 밖으로 물이 나가네. 살살 튕겨보자. 세게 튕겨보자.

④ 활동을 마치고 우산과 우비, 신발을 정리하고 손과 발을 씻는다.

* 저작권 계약 만료로 베틀북에서 더 이상 출간되지 않으므로 『비오는 날』(시공사)로 대체해서 쓸 수 있음.

5-2. 배를 띄워요 2

– 배를 띄워요 (유아를 위한 활동)

비 오는 날 웅덩이에서*

데이비드 맥페일 글 · 그림, 김현숙 옮김, 베틀북, 2002

활동목표 재활용품을 이용하여 배를 만든다.
배를 물 위에 띄우기 위한 방법을 알아본다.

활동자료 그림책 〈비 오는 날 웅덩이에서〉, 재활용품(우유곽, PET 병, 나무 토막 등)

활동방법

① 그림책 〈비 오는 날 웅덩이에서〉를 읽고 웅덩이에 놀러 왔던 동물들에 대해 이야기 나눈다.
- 주인공 아이의 이름은 무엇일까?
- 웅덩이에서 어떤 놀이를 할 수 있을까?

② 재활용품으로 어떻게 배를 만들지 이야기 나눈다.
- 어떻게 배를 만들 수 있을까?
- 배에는 무엇이 있을까?

③ 여러 가지 재료를 이용하여 배를 만들고 꾸민다.
- 종이배 접기, 페트병, 아이스크림 컵 등을 이용하여 만들고 돛대, 깃발을 꾸민다.

④ 실외놀이 바닥에 물길을 만들거나, 물놀이대를 준비한 다음, 만든 배를 물에 띄워 보고 배가 잘 움직이는지 관찰한다.
- 물 속에 가라앉은 배는 왜 그렇게 되었을까?
- 배가 가라앉지 않게 하려면 어떻게 해야 할까?
- 배를 원하는 방향이나 속도로 움직이게 하려면 어떻게 하면 될까?

⑤ 배가 잘 뜨는 이유, 가라앉는 이유 등에 대해서 이야기해 보고 배를 수정한다.

〈함께 보면 좋은 그림책〉
- 노아의 방주, 아서 가이서트 글 · 그림, 이수명 옮김, 비룡소, 2003
- 노아의 방주, 피터 스피어 글 · 그림, 김경연 옮김, 미래 M&B, 2004
- 비오는 날의 소풍, 가브리엘르 벵상, 김미선 옮김, 시공주니어, 1997
- 비 오는 날 또 만나자, 사토우치 아이 글, 히로노 다카코 그림, 고광미 옮김, 한림출판사, 2001

* 저작권 계약 만료로 베틀북에서 더 이상 출간되지 않으므로 『비오는 날』(시공사)로 대체해서 쓸 수 있음.

모래놀이

1. 모래로 만들어요

모래놀이 가자

김성은 글, 박수지 그림, 이장원 사진, 이수현 꾸밈, 웅진주니어, 2008

동화내용

곰, 원숭이, 고슴도치, 토끼가 모래놀이를 하러 간다. 곰은 복슬복슬 털이 많은 두 손으로 모래를 모아 토닥토닥 모래산을 만들고, 손가락이 길쭉한 원숭이는 조물조물 모래를 동그랗게 뭉쳐서 모래떡을 만들고, 길고 뾰족한 손으로 고슴도치는 모래를 파서 구덩이를 만들고, 도랑을 파서 시내를 만든다. 토끼는 모래를 주르륵 쏟아서 모래성을 쌓는다. 모두 다 함께 쌓고, 뭉치고, 다지는 모래놀이를 한다.

활동목표 모래의 특성에 대해 안다.
모래를 이용하여 다양한 모양을 구성해 본다.

활동자료 그림책 〈모래놀이 가자〉, 모래, 물뿌리개, 모래삽, 체, 쟁반, 모양 찍기 틀, 나무막대

활동방법

① 그림책 〈모래놀이 가자〉를 읽고, 동물들이 한 모래놀이는 어떤 것이 있는지 이야기해 본다.
- 모래에서 동물들이 한 놀이 외에 어떤 놀이를 할 수 있을까?

② 모래를 만지며 탐색한 다음 체를 쳐서 고운 모래를 만든다.
- 모래를 만지는 느낌이 어떠니?
- 모래를 체로 치니까 어떻게 되었니?
- 체 위에는 어떤 것이 남아 있니?

③ 고운 모래에 물을 뿌린 후 마른 모래와 비교해 보도록 한다.
- 젖은 모래를 만져 보자. 마른 모래와 어떻게 다를까?
- 색깔은 어떻게 달라졌니?

④ 젖은 모래를 모양 찍기 틀로 찍거나 손으로 뭉쳐서 다양한 모양을 만들어 본다.
- 쌓기, 뭉치기, 다지기 등으로 여러 가지 모양을 만들어 보자.
- 삽으로 구덩이를 파고 물이 지나갈 수 있게 물길도 만들어 보자.

③ 모래산을 쌓아 모래 가져오기 게임을 해본다.

- 젖은 모래를 꾹꾹 눌러 단단하게 쌓아 꼭대기에 나무막대를 꽂는다.
- 순서를 정해 나무막대가 쓰러지지 않도록 모래를 가져 온다.
- 나무가 쓰러지면 게임에서 진다.

〈함께 보면 좋은 그림책〉

· 모래로 뭘 만들까요, 다니엘 부르 지음, 월드북스, 2004

2-1. 모래 위에 발자국 1

– 발자국 찍기 (영아를 위한 활동)

누가 모래성을 밟았을까

파비엔느 떼이세드르 지음, 김소연 옮김, 킨더랜드, 2007

동화내용

아기 양이 만든 모래성을 누군가 무너뜨렸다. 아기 양은 여러 동물들의 발바닥과 모래성에 남겨진 발자국을 보고 비교 관찰하는 방법을 통해 범인을 알아내어 늑대를 혼내준다.

활동목표 모래를 탐색하고 그 특성을 안다.
맨발로 다양한 흙의 느낌을 알고 즐거움을 느낀다.

활동자료 그림책 〈누가 모래성을 밟았을까〉, 모래, 물뿌리개, 모종삽, 여러 종류의 신발(아빠 구두, 엄마 구두, 장화 등)

활동방법

① 그림책 〈누가 모래성을 밟았을까〉를 읽은 후, 발자국에 대해 알아본다.
- 누가 모래성을 밟았는지 어떻게 알 수 있었니?
- 모래 위에 찍힌 발자국을 살펴보자.
- 어떤 동물의 발자국일까?

② 모래 위에 물을 뿌리고 영아는 장화를 신고 모래 위를 걸어 다니며 발자국을 만들어 본다.
- 우리도 모래 위에 발자국을 찍어볼까?
- 모래 위에 물뿌리개로 물을 뿌려보자.
- 모래가 어떻게 되었니?

③ 여러 종류의 신발에 손을 넣고 모래 위에 발자국 찍기 놀이를 해본다.
- 신발 속에 손을 넣어 찍어 보자.
- 엄마 신발, 아빠 구두를 찍어 볼까?
- 친구가 찍은 발자국도 살펴보자.

④ 신발과 양말을 벗고 맨 발로 젖은 모래와 마른 모래 위를 걸어본다.
- 맨발로 걸어보니 어떤 느낌이니?
- 모래 위에 발자국을 찍으면서 걸어보자.

2-1. 모래 위에 발자국 2

– 모래 위에 찍기 놀이 (유아를 위한 활동)

신발 신발 아가씨

버나드 로지 글, 캐더린 로지 그림, 김서정 옮김, 한솔수북, 2005

동화내용

신발을 무척 좋아하는 신발 아가씨의 신발 모양 가게에는 이 세상 어디에도 없는 별의별 신발이 다 있어서 누구든 원하는 신발을 살 수 있다. 고향을 그리워하는 콘치타도, 더 높이 통통 튀고 싶어 하는 들러리나, 형보다 키 크고 싶은 꼬맹이 빌. 그리고 아이들을 하하 호호 웃기고 싶은 어릿광대, 말처럼 빠르게 뛰고 싶은 카우보이, 007처럼 비밀이 많은 요원도 모두 자기한테 꼭 맞는 신발을 사가고 밝은 웃음을 되찾는다.

활동목표 모래를 탐색하고 그 특성을 안다.
맨발로 다양한 흙의 느낌을 알고 즐거움을 느낀다.

활동자료 그림책 〈신발 신발 아가씨〉, 모래, 물뿌리개, 모종삽, 여러 종류의 신발 (아빠 · 엄마구두, 운동화, 장화, 고무신, 샌들, 영아용 신발 등)

활동방법

① 그림책 〈신발 신발 아가씨〉를 감상한 후, 그림책에 나오는 여러 종류의 신발에 대해 이야기 나눈다.
- 신발 아가씨 가게에 어떤 신발을 주문하고 싶니?
- 어떤 신발을 신어보고 싶니?

② 모래 위에 물을 뿌리고 유아는 원하는 신발을 신고 모래 위를 걸어 다니며 발자국을 만들어 본다.
- 어떤 모양이 생겼니?
- 모양이 더 잘 찍히게 하려면 어떻게 하면 될까?

③ 서로 다른 종류와 크기의 신발에서 찍히는 여러 가지 발자국을 비교해 본다.
- 너무 큰 신발은 어떻게 하면 잘 찍힐까?
- 신발 속에 손을 넣어 찍어보자.
- 발자국으로 큰 그림을 만들어 볼까? (* 그림책 '구두 발자국' 참조)

④ 신발과 양말을 벗고 맨발로 젖은 모래와 마른 모래 위를 걸어본다.
- 맨발로 걸어보니 어떤 느낌이니?
- 발자국을 찍으면서 걸어보자.

- 친구와 손을 잡고 같이 걸어보자.

확장활동 다양한 종류의 바퀴를 찍어 무늬를 관찰해 볼 수 있다.

〈함께 보면 좋은 그림책〉

- 구두 발자국, 김홍모 글 · 그림, 북스, 2008
- 꼬까신, 최운식 글, 최영주 그림, 보림, 1995
- 신발 박물관, 육길나 글, 김순영 그림, 한우리북스, 2008
- 아장아장 꼬까신, 김난지 글 · 신진주 그림, 웅진주니어, 2006

3. 지하 터널 파기

터널 밖으로

바바라 레이드 글 · 그림, 나희덕 옮김, 국민서관, 2006

동화내용

닙은 도시 바로 아래, 지하철역에 사는 생쥐이다. 늙은 생쥐들이 들려주던 '터널의 끝'을 언제나 꿈꾸던 닙은 어느 날, 아주 위험하지만 공기가 맑고 아름다운 터널 밖 세상으로 여행을 시도한다. 친구들은 먹을 것도 많고 안전한 보금자리를 떠나려는 닙을 이해할 수 없다. 혼자 길을 떠난 닙은 길고 긴 터널을 지나는 동안 낯선 지하철역에서 만난 롤라와 친구가 된다. 그리고 힘든 여행을 그만두겠다는 롤라와 계속 가야 한다는 닙이 실랑이를 벌이고 있을 때, 어디선가 새 소리가 들려오고 둘은 마침내 '터널의 끝'에 도착한다. 롤라와 닙은 새로운 보금자리를 만들고, 아기 생쥐들에게 이야기를 들려준다.

활동목표 모래를 이용하여 안전하게 터널 만드는 방법에 대해 안다.
젖은 모래의 특성을 이해한다.

활동자료 그림책 〈터널 밖으로〉, 모래, PET 병, 우유팩, 깡통, 삽, 소형 자동차

활동방법

① 그림책 〈터널 밖으로〉를 읽고, 지하철을 타 본 경험에 대해 이야기 나눈다.
- 지하철을 타본 적이 있니?
- 닙이 사는 지하철역을 만들어 보자.

② 덮인 모래에 구멍을 조금 파고 한 손을 넣고 손등에 모래를 쌓는다.

③ 어느 정도의 모래가 손등에 쌓여 집 모양처럼 되면 모래가 무너지지 않도록 조심스럽게 손을 꺼내서 굴을 만든다.
- 어떻게 되었니?
- 어떻게 하면 굴이 부서지지 않을까?

④ 물을 뿌려 젖은 모래를 만든 후 다시 굴을 만들어 본다.

⑤ 3~4명의 유아들이 서로 마주 보고 앉아 굴을 파면서 상대방의 굴까지 연결하여 터널을 만들어 본다.

참고사항 페트병이나 우유팩, PVC관 자른 것을 이용하여 터널을 만든다.

확장활동 작은 자동차와 블록 등을 이용하여 터널놀이를 해볼 수 있다.

〈함께 보면 좋은 그림책〉

· 두껍아 두껍아, 엄혜숙 글, 권문희 그림, 국민서관, 2000
· 지하 정원, 조선경 글 · 그림, 보림, 2005
· 지하철을 타고서, 고대영 글, 김영준 그림, 길벗어린이, 2006

4. 모래 속 보물찾기

보물찾기는 힘들어

카도노 에이코 글, 다루이시 마코 그림, 김난주 옮김, 웅진주니어, 2005

동화내용

할머니 병문안을 간 엄마를 기다리며 준호는 보물찾기를 한다. 엄마가 준 힌트는 '꼬리가 달린 보물'이라는 것. 준호는 집안 구석구석을 돌아다니면서 여기저기에 살짝 숨겨져 있는 꼬리를 잡아 당겨 보지만 그때마다 나타나는 것은 엄마가 숨겨둔 보물이 아니라 동물 친구들이다.

바지를 제대로 못입는 생쥐, 모자를 푹 눌러쓴 펭귄, 목도리를 제대로 목에 두르지 못하는 토끼, 단추를 끼우지 못하는 돼지… 준호가 만나는 동물친구들은 무엇인가 문제가 있어 발을 동동 구르고, 그 때마다 준호는 엄마가 아이를 돌보듯 동물친구들의 문제를 해결해 주고, 마침내 꼬리가 달린 보물을 찾아낸다.

활동목표 주변의 사물에 관심을 가지고 탐색할 수 있다.

활동자료 그림책 〈보물찾기는 힘들어〉, 모래, 보물지도, 지시문, 보물, 모래놀이 도구, 자석

활동방법

① 그림책 〈보물찾기는 힘들어〉를 읽고, 준호가 찾은 보물에 대해 이야기 나눈다.
- 보물찾기를 해본 적이 있니?
- 준호가 찾은 보물은 무엇이었니?
- 어떻게 찾을 수 있었을까?
- 엄마가 보물에 대해서 알려준 것은 어떤 것이었니?

② 모래놀이 영역에서 보물찾기 놀이에 필요한 것들을 이야기해 본다.
- 보물은 무엇으로 하면 좋을까?
- 모래 속에 있는 보물은 어떻게 찾으면 좋을까?

③ 교사는 보물 뒷면에 클립이나 고무자석 등 쇠붙이를 붙여서 미리 모래 속에 숨겨 놓는다.
- 자석을 이용하여 보물을 찾아보자.
- 어떻게 하면 잘 찾을 수 있을까?

④ 유아들과 숨기고 싶은 보물을 정하여 찾기 놀이를 해본다.

확장활동 보물지도 만들기

〈함께 보면 좋은 그림책〉

- 잃어버린 줄 알았어, 고미 타로 글 · 그림, 김난주 옮김, 베틀북, 2003
- 보물찾기 대모험, 헨드리크 요나스 글 · 그림, 여인혜 옮김, 키다리, 2007

5. 내가 만든 모래성

모래성

타무라 시게루 글 · 그림, 김경원 옮김, 어린이작가정신, 2003

동화내용

한 아이가 아무도 없는 백사장에서 모래성을 쌓을 때, 갑자기 모래인간들이 나타나 신기한 모래성으로 초대를 한다. 모래인간과 함께 모래 자동차를 타고 모래왕을 보러 간 아이는 어느새 서커스의 일원이 되어 용을 타고 하늘을 날기도 하고, 모래왕과 함께 멋진 서커스를 벌이게 된다. 평상시에는 엄두도 못 낼 멋진 묘기에 성공한 아이는 커다란 박수를 받는다. 하지만 비가 내리기 시작하자, 아쉬운 작별을 고하며 한낮의 꿈은 무지개 빛 조개 속에 고이 간직한다.

활동목표 모래를 탐색하고 특성을 이해한다.
모래를 이용하여 자신의 생각대로 구성해 본다.

활동자료 그림책 〈모래성〉, 모래(또는 델타 샌드), 다양한 크기의 그릇류, 찍기 틀, 모래삽.

활동방법

① 모래를 만지며 탐색한다.

② 크기가 다른 찍기 틀과 소꿉장난 그릇을 이용해 모래를 찍는다.

③ 모래가 말라서 형태가 안 나오면 물을 섞어 반죽한 후 만들어 본다.

- 왜 이렇게 모양이 흐트러질까?
- 어떻게 하면 모래가 그릇에 담긴 모양 그대로 나올 수 있을까?

④ 그림책 〈모래성〉에 나오는 모래인간과 모래왕, 모래성을 만들어 보자.

- 모래를 높게 쌓으려면 어떻게 하면 될까?
- 성문, 계단, 다리는 어떻게 만들면 좋을까?
- 색빨대나 막대를 이용하여 꾸며 보자.

〈함께 보면 좋은 그림책〉

· 모래성을 쌓았어요, 콜레트 엘링스 글, 마리알린 바뱅 그림, 곽노경 옮김, 시공주니어, 2008
· 워렌의 신나는 모래성 놀이, 리안 페인 글·그림, 문정희 옮김, 애플트리태일즈, 2007

목공놀이

1. 못 박고 빼기

뚝딱 뚝딱 집을 짓자

신정민 글, 백은희 그림, 꿈동산, 2001

동화내용

동물친구들이 심심해하던 중에 다같이 모여 집을 짓기로 한다. 무거운 짐은 힘 센 코끼리가 들어 주고 두더지는 땅을 고르고, 원숭이는 나무틀 짜고, 다같이 벽돌을 쌓는다. 다들 열심히 집을 지었지만 다 만들고 나서 보니, 문이 없어 딱따구리들의 도움으로 문을 만들게 된다. 이제 집이 다 완성되어 들어가 보니 너무 좁아서 궁리 끝에 힘을 합해 이층집을 만든다.

활동목표 일상생활에서 사용되는 도구에 관심을 갖는다.
못과 망치를 안전하게 사용할 수 있다.

활동자료 그림책 〈뚝딱 뚝딱 집을 짓자〉, 목공놀이판, 나무 망치, 골프공 핀(꼭지모양 압정), 드라이버, 나사못

〈목공놀이판 만들기〉

※ 목공놀이판은 하드보드지 앞 뒤에 스티로폼 판을 붙인 후 양파 자루에 넣어 끝 부분을 묶어서 만든다.

활동방법

① 그림책 〈뚝딱 뚝딱 집을 짓자〉를 읽고 동물 친구들이 살 집을 만드는 데 필요한 도구와 과정에 대해 이야기 나눈다.

- 동물 친구들이 집을 만드는 데 필요한 도구는 무엇이었을까?

- 집을 만들기 전에 해야 할 일은 무엇일까?

② 목공놀이판과 망치, 골프공 핀, 드라이버, 나사못을 보며 이야기 나눈다.

- 망치(드라이버)를 사용해 본 적이 있니?
- 어떻게 사용해야 안전할까?

③ 목공놀이판에 자유롭게 골프공 핀을 망치로 박거나 빼는 놀이를 해본다.

- 못을 박을 때는 어떤 것들이 필요할까?
- 도구를 이용할 때 주의할 점은 무엇일까?

④ 동물들의 집 모양대로 목공놀이판에 골프공 핀을 망치로 박는다.

⑤ 목공놀이 후에 주의할 점, 정리 방법 등에 대해 이야기 나눈다.

- 사용하고 난 후에는 어떻게 해야 할까?
- 만들어 보니 어떤 점이 재미있거나 어려웠니?
- 다음에 사용할 때는 어떻게 하면 좋을까?

참고사항 얇은 종이에 동물 가족이 살 집을 그린 다음, 목공놀이판 위에 올려놓고, 집의 형태에 따라 표시된 점 위에 핀을 박는다.

확장활동 골프공 핀을 많이 박은 다음, 고무줄로 엮어 다양한 모양을 구성하는 놀이를 해 볼 수 있다.

〈함께 보면 좋은 그림책〉

- 뚝딱뚝딱 집을 짓자, 신정민 글, 백은희 그림, 꿈동산, 2001
- 아기돼지 삼형제, 백미숙 지음, 포드콜친 에브게니 그림, 삼성출판사, 2003
- 뚝딱뚝딱 뭐가 있을까?, 앤 록웰 글, 할로우 록웰 그림, 박수현 옮김, 달리, 2007
- 아빠랑 뚝딱뚝딱, 캐런 카츠 글, 캐런 카츠 그림, 이연승 옮김, 중앙출판사, 2007

2. 치과 간판 만들기

치과의사 드소토선생님

윌리엄 스타이그 글 · 그림, 조은수 옮김, 비룡소, 1995

동화내용

이를 잘 고치기로 유명한 생쥐 치과의사 드소토 선생님은 조수인 부인과 함께 많은 동물들의 이를 치료해 주지만 고양이나 사나운 동물은 위험하기 때문에 치료하지 않는다. 그러던 어느 날, 머리까지 칭칭 싸맨 여우가 하도 불쌍해서 이를 고쳐주기로 한다. 여우의 잠꼬대로 드소토 부부를 잡아먹으려는 속셈을 알아차린 드소토 선생님은 치료를 다 마치고는 여우의 이빨에 이가 더 이상 썩지 않는 약이라고 속이고는 이빨 위 아래에 풀을 붙여 입을 벌리지 못하도록 만들어, 여우는 입도 열지 못하고 집으로 간다.

활동목표 창의적인 구성 능력을 기른다.
눈과 손의 협응력을 기른다.

활동자료 그림책 〈치과의사 드소토 선생님〉, 널빤지, 모래종이(거친 것, 부드러운 것), 마른 수건, 못, 망치, 집게, 면 장갑

활동방법

① 그림책 〈치과의사 드소토 선생님〉을 읽고 치과 간판을 만들 것을 제안한다.

- 책에 있는 드소토 치과의 간판을 살펴보자.

> **드소토 치과**
>
> 고양이나 사나운 동물은
> 치료하지 않습니다.

- 간판을 어떻게 만들까?
- 간판을 만들려면 무엇이 필요할까?
- 간판에는 무엇을 써 넣을까? (치과 이름과 전화번호, 그림 등)

② 면장갑을 끼고 널빤지를 나뭇결을 따라 사포로 문지른다.

③ 두꺼운 도화지나 하드보드지로 만든 간판을 본드를 이용해 널빤지에 붙인다.

④ 완성된 간판에 구멍을 뚫어 잘 보이는 벽면에 걸어둔다.

참고사항 교통 표지판이나 실내외 놀이영역, 안내판 등을 만들어 볼 수 있다.

1. 피자가 되어보자

아빠랑 함께 피자놀이를

윌리엄 스타이그 글 · 그림, 박찬순 옮김, 보림, 2000

동화내용

비가 와서 친구들이랑 공놀이를 하지 못하게 된 피트는 시무룩해진다. 아빠는 이런 피트의 마음을 헤아려 피트와 피자놀이를 한다. 피트를 피자라고 하며, 온몸을 굴려 밀가루 반죽을 하고 팔다리를 당겨주고, 물도 듬뿍 발라준다. 땀띠분도 살살 뿌려주고, 장기알도 얹어 주며 토마토 대신 치즈가 좋다는 피트를 위해 종이조각을 올려주기도 한다. 피트는 아빠의 간지럼을 참지 못하고 밖으로 나간다. 어느새 날이 개어 피트는 기분 좋게 공을 들고 나간다.

활동목표 그림책의 등장인물이 되어보는 경험을 한다.
그림책에 나온 다양한 동작들을 극놀이로 표현해 본다.

활동자료 그림책 〈아빠랑 함께 피자 놀이를〉, 극놀이 소품, 경쾌한 음악

활동방법

① 그림책 〈아빠랑 함께 피자 놀이를〉을 읽고, 피트의 감정에 대해 이야기 나눈다.

- 피트는 왜 기분이 좋지 않았을까?
- 너희들도 기분이 좋지 않을 때가 있었니? 그럴 때는 어떻게 하면 좋을까?
- 피트와 아빠는 어떻게 했니?

② 피자 만드는 순서와 방법을 알아본다.

- 피자 만드는 순서를 알아보자.
  (밀가루 반죽하기–밀가루 반죽 늘이기–공중으로 돌리기–기름 바르기
  –밀가루 뿌리기–토마토(치즈) 얹기–오븐에 굽기–피자 썰기)
- 극놀이에 필요한 소품은 무엇일까?

③ 역할을 정하여 극놀이를 한 후, 느낌을 이야기해 본다.

- 아빠와 피트로 역할을 나누어, 요리사와 피자가 되어 보자.
- 피자가 되었을 때 기분이 어땠니?
- 어떤 점이 제일 재미있었니?

2. 피터처럼 해봐요, 이렇게

휘파람을 불어요

에즈러 잭 키츠 글 · 그림, 김희순 옮김, 시공주니어, 1999

동화내용

휘파람을 부는 소년과 그 소리를 듣고 달려오는 강아지를 본 피터는 휘파람을 불어 보지만 잘 불어지지 않자 볼이 얼얼해질 때까지 연습하고 또 연습한다. 그 마음을 달래려고 빙글빙글 돌아도 보고, 땅에 그림도 그려 보고, 아빠 모자를 쓰고 엄마 앞에서 아빠 흉내도 내어 보지만 모든 것이 다 신통치 않다. 자기의 강아지 윌리가 온 것을 본 피터는 상자에 숨어 휘파람을 불자 드디어 휘파람 소리가 난다. 이에 신이 난 피터는 부모님께 자랑하고 박수까지 받는다. 피터는 윌리와 함께 휘피람을 불며 심부름을 가고 즐거워한다.

활동목표 다양한 동작을 모방해 보고 여러 가지 동작을 만들어 본다.

활동자료 그림책 〈휘파람을 불어요〉, 음악자료(프라이어 – 휘파람 소리와 개)
CD 플레이어, 종이 상자, 모자

활동방법

① 그림책 〈휘파람을 불어요〉에서 피터가 한 동작들을 따라해 본다.

- 휘파람 소리를 들어보자. 휘파람 소리를 들어본 적이 있니?
- 휘파람은 언제 부는 걸까?
- 피터는 왜 휘파람을 불고 싶어 했을까?
- 피터가 한 동작들은 어떤 것들이 있었니?

② 여러 가지 몸동작을 창의적으로 표현해 본다.

- 피터가 한 것 말고 또 어떤 동작들을 해볼까?
- 친구들에게 보여주고 싶은 동작이 있니?
- 친구들의 동작을 보니 어떤 생각이 나니?

③ 친구들의 동작을 따라해 보고 느낌을 이야기해 본다.

- 두 친구가 짝이 되어 한 친구의 움직임을 따라해 본다.
- 어떤 동작이 재미있었니?
- 하기 어려웠던 동작은 어떤 것이었니?

3. 조심조심 걸어요

새 둥지를 이고 다니는 사자 임금님

기시다 에리코 글 · 그림, 한림출판사, 1991

동화내용

사자 임금님 '지오지오'는 사자 중에서 제일 힘이 세어 모든 동물들이 두려워하는 존재였지만 지금은 늙고 병들어 친구도 없는 외로운 임금님이다. '지오지오'는 하얀 새가 알을 무사히 부화시키지 못하는 어려운 사정을 알고, 자신의 왕관에 알을 낳게 한다. '지오지오'의 왕관에서 낮이나 밤이나 다른 동물들이 해치지 못하게 보호를 받으며, 무사히 알에서 깬 새끼 새들은 무럭무럭 잘 자란다.

새들이 커서 날아다니게 되었을 때 사자 임금님의 눈은 안보이게 되었지만, '지오지오'는 새들의 노래를 들으며 행복해 한다.

활동목표 신체의 균형감을 기른다.
다양한 크기와 두께의 책을 탐색한다.

활동자료 그림책 〈새 둥지를 이고 다니는 사자 임금님〉, 다양한 크기와 두께의 책, 색 테이프, CD, 경쾌한 음악

활동방법

① 활동을 시작하기 전에 유아들이 책을 머리에 얹고 걸을 수 있는 선을 색 테이프로 표시한다.

② 그림책 〈새 둥지를 이고 다니는 사자 임금님〉을 읽고, 책의 내용에 대해 이야기 나눈다.
- 왜 사자 임금님은 새둥지를 머리에 이고 다녔을까?
- 새 둥지를 머리에 이었을 때 사자 임금님의 기분은 어땠을까?
- 새 둥지를 머리에 이고 어떻게 걸어 다녔을까?

③ 그림책 한 권을 머리에 얹고 선을 따라 걸으며 활동한다.
- 누가 사자 임금님이 되어 볼까?
- ㅇㅇ의 걷는 모습이 어떠니?

④ 유아들이 여러 종류의 책을 바꿔가며 선을 따라 걸어 본다.

- 어떤 책이 가장 쉬었니(어려웠니)?
- 책을 머리에서 떨어지지 않도록 하는 좋은 방법이 있을까?
- 책은 어떻게 다루어야 할까?

⑤ 경쾌한 음악에 맞추어 자유롭게 걷기 활동을 해본다.

4. 몸으로 만들어요

크릭터

토미 웅게러 글 · 그림, 장미란 옮김, 시공주니어, 1996

동화내용

프랑스의 조그만 마을에 사는 뤼즈 보도 할머니는 아프리카에서 파충류를 연구하는 아들로부터 생일 선물로 보아 뱀을 받는다. 할머니는 뱀에게 '크릭터'라는 이름을 지어 주고 정성스럽게 보살펴 준다. 크릭터는 학교 선생님인 할머니를 따라 학교에 가서 자기 몸으로 알파벳을 만들기도 하고 숫자도 만들며, 아이들에게 여러 가지 도움을 주기도 하고, 함께 어울려 논다. 어느 날 크릭터는 할머니 집에 든 도둑을 잡는 공을 세워 마을의 영웅이 되어 시장으로부터 훈장을 받게 되고, 그 후로도 할머니와 크릭터는 오래오래 행복하게 산다.

활동목표 신체를 이용하여 다양한 동작과 움직임을 표현할 수 있다.

활동자료 그림책 〈크릭터〉

활동방법

① 그림책 〈크릭터〉를 읽고 이야기 나눈다.
- 크릭터는 어떤 뱀이었니?
- 뤼즈 보도 할머니가 생일 선물로 뱀을 받았을 때 어떤 기분이었을까?
- 크릭터는 마을 사람들과 아이들에게 어떤 도움을 주었니?

〈몸으로 글자 '가' 만들기〉

② 크릭터가 만든 여러 가지 모양과 숫자를 몸으로 만들어 본다.
- 우리 몸으로 모양을 만들어 볼 수 있을까?
- 어떻게 만들 수 있을까?
- 우리 몸의 어느 부분을 이용하면 될까?
- 혼자서 만들 수 없는 모양은 어떻게 하면 될까?
- 친구와 같이 만들어 보자.

〈몸으로 숫자 '11' 만들기〉

③ 다양한 모양과 숫자를 몸으로 표현해 본다.
- 그림책에 없는 어떤 모양을 만들고 싶니?

어떻게 하면 될까? 친구들에게 소개해 보자.

〈함께 보면 좋은 그림책〉

- 손으로 몸으로 ㄱㄴㄷ, 전금하 지음, 문학동네 출판사, 2008
- 손으로 몸으로 123, 전금하 지음, 문학동네 출판사, 2008

5. 기계 작동 장난감

새앙쥐와 태엽쥐

레오 리오니 글 · 그림, 이명희 옮김, 마루벌, 1999

동화내용

매일 사람들에게 쫓겨 다니는 새앙쥐는 자신의 친구인 태엽쥐가 항상 사람들에게 사랑을 받는 것이 부럽기만 하다. 자신도 사람들에게 사랑을 받고 싶다는 마음에서 도마뱀을 찾아가 마법의 보라색 조약돌을 받는다. 하지만 그러는 사이에 태엽쥐는 사람들로부터 버림을 받는다. 새앙쥐는 친구를 위해 마법을 사용한다. 도마뱀의 마법으로 진짜 쥐가 된 태엽쥐와 새앙쥐는 언제까지나 좋은 친구가 된다.

활동목표 사물의 움직임을 주의 깊게 관찰한다.
신체를 이용하여 사물의 움직임을 창의적으로 표현한다.

활동자료 그림책 〈새앙쥐와 태엽쥐〉, 기계(태엽) 작동 장난감, 음악자료

활동방법

① 그림책 〈새앙쥐와 태엽쥐〉를 읽고 이야기 나눈다.

- 태엽쥐의 이름은 무엇이니? (붕붕이)
- 새앙쥐의 이름을 지어주자.
- 새앙쥐와 태엽쥐는 어떻게 다를까?
- 만약 마법의 조약돌이 있다면 어떤 소원을 빌고 싶니?

② 기계나 태엽을 돌려 움직이는 장난감을 작동시키고, 장난감의 움직임을 관찰한다.

- 장난감은 어떻게 걸을까?
- 태엽이 풀리면서 움직임이 어떻게 달라졌니?
- 벽에 부딪혔을 때는 어떻게 움직였니?

③ 장난감의 움직임을 몸으로 표현해 본다.

- 장난감의 움직임을 흉내 내어 볼까?
- ○○는 태엽이 어디에 달려 있는 장난감이니? (머리, 가슴, 엉덩이 등)
- 태엽을 감아줄 친구는 누구니?
- 자, 태엽을 다 감았구나. 이제 장난감이 움직인다.
- 저 앞에 벽이 있네. 방향을 바꾸는구나.
- 태엽이 점점 풀리는구나. 다시 감아주자.

주의사항 한꺼번에 너무 많은 유아들이 표현하면 부딪칠 수 있으므로 인원 수를 조정한다.

6. 나는 발레리나

올리비아

이언 포크너 글 · 그림, 장미란 옮김, 킨더랜드, 2007

동화내용

잘하는 게 아주 많은 올리비아는 사람들을 지치게 하는 데 선수이다. 저 혼자 지치기도 잘 한다. 이것저것 옷을 갈아입어 보고, 귀찮게 하는 남동생 이안을 놀래주기도 하고, 아침마다 옷도 이것저것 골라 입고, 신나게 노래를 부른다. 낮잠 잘 시간에는 춤을 추고, 햇살이 환한 날에는 바닷가로 놀러가서는 햇볕을 쬐기도 하며 엄마에게 배운 모래성을 쌓는다. 올리비아는 또 비오는 날이면 박물관에 가서 발레리나의 꿈을 꾸고 미술관에서 본 그림을 그대로 벽에 그려 보기도 하고, 엄마의 책 읽는 소리를 들으며 잠이 든다.

활동목표 다양한 동작을 모방해 본다.
몸을 움직여 여러 가지 동작을 만들어 본다.

활동자료 그림책 〈올리비아〉, 음악자료 '나처럼 해봐요 이렇게'

활동방법

① 그림책 〈올리비아〉를 읽고, 책의 내용에 대해 이야기 나눈다.
- 올리비아가 잘하는 것은 무엇이니?
- 내가 잘하는 것은 무엇이 있는지 이야기해 보자.
- 올리비아가 좋아하는 놀이는 어떤 것일까?

② 책 속에 있는 올리비아의 여러 가지 동작을 따라해 본다.
- 발레리나를 본 적이 있니? 어디서 보았니?
- 올리비아가 춘 여러 가지 동작들을 따라해 볼까?
- 또 다른 동작도 만들어 보자.

③ 음악에 맞춰 여러 가지 동작들을 표현해 본다.
- 음악을 듣고, 자신의 느낌을 동작으로 표현해 보자.
- 두 친구가 짝이 되어 친구의 움직임을 따라해 본다.

확장활동 동영상 자료(백조의 호수, 호두까기 인형 등)를 감상하고, 발레의 여러 가지 자세를 따라해 볼 수 있다.

〈함께 보면 좋은 그림책〉

- 꼬마 발레리나 타냐, 페트리샤 리 고흐 글, 이치카와 사토미 그림, 장지연 옮김, 현암사, 2001
- 발레리나 벨린다, 에이미 영 글 · 그림, 이주희 옮김, 느림보, 2003
- 발레리나는 안경을 쓰지 않아, 에인슬리 맨슨 글, 딘 그리피스 그림, 박향주 옮김, 대교출판, 2003

7. 곰 사냥 가는 길

곰 사냥을 떠나자

마이클 로젠 글, 헬렌 옥슨버리 그림, 공경희 옮김, 시공주니어, 1994

동화내용

화창한 날씨에 온 가족이 곰 사냥을 떠난다. 풀밭을 헤치고, 강물을 헤엄쳐 건너, 진흙탕과 숲을 지나 눈보라를 헤치고, 마침내 도착한 좁고 어두침침한 동굴 안으로 들어가자 무언가 커다란 그림자가 나타난다. 커다란 곰이 쫓아오자, 가족들은 혼비백산해서 왔던 길을 되돌아간다. 집에 오자마자 이층으로 올라갔다가 문 잠그는 것을 잊어버려 다같이 일층으로 내려와 문을 잠그고는 이층으로 올라가 온 가족이 모두 다 이불 속에 숨어 버린다.

활동목표 상황에 따라 목소리의 크기를 조절할 수 있다.
지시에 맞게 크고 작은 움직임을 표현할 수 있다.

활동자료 그림책 〈곰 사냥을 떠나자〉, 소리 조절판.

활동방법

① 그림책 〈곰 사냥을 떠나자〉를 읽고 이야기 나눈다.
- 곰 사냥을 떠나는 가족들은 누구 누구였니?
- 곰 사냥 떠날 때 기분은 어떨까?
- 집에서 곰이 사는 굴까지 가려면 어디 어디를 지나야 할까?

② 〈곰 사냥을 떠나자〉에 나온 여러 가지 동작을 따라해 본다.
작은 움직임부터 큰 움직임으로 동작의 크기를 조절해 보자.
- 점점 크게, 점점 작게 말해 보자.
- 소리 조절판의 바늘이 움직이는 대로 소리를 내볼 수 있니?
- 소리가 커지면 동작도 크게 해보자.

③ 곰 잡으러 가는 장면마다 다양한 의성어, 의태어로 바꾸어 보고, 다양한 동작을 표현해 본다.
- 풀밭을 지날 때는 어떤 소리가 날까?
- '사각 서걱' 대신에 다른 말을 넣어 볼까?
- 등장인물(아이, 아빠, 엄마, 개 등)이 풀밭(강물, 진흙탕, 숲, 동굴)을 지나가는 모습을 표현해 보자.

- 곰 잡으러 갈 때와 도망칠 때의 동작을 표현해 보자.

④ 커다란 이불 속에 숨은 다음 손이나 발, 옷 등을 보고, 목소리를 듣고, 누구인지 알아 맞추는 게임을 해볼 수도 있다.

확장활동 곰 사냥 가는 길 그리기(약도 그리기)

8. 풍선 놀이

빨간 풍선

황수민 글 · 그림, 상출판사, 2008

동화내용

부끄러움을 많이 타는 아이는 누가 자기를 볼까봐 늘 빨간 풍선으로 얼굴을 가리고 다닌다. 풍선으로 얼굴을 가리고 다니다 보니, 교실에서는 맨 뒷자리, 소풍가서도 외톨이다. 그러던 어느 날 엄마와 서커스를 보러 갔다가 자신과 꼭 닮은 부끄럼쟁이 코끼리를 만난다. 다음 날 아이는 코끼리에게 풍선을 선물한다.

코끼리는 풍선을 들고 서커스 무대에 선다. 멋진 묘기를 보여 주자 사람들은 코끼리를 응원하는 박수를 친다. 코끼리는 풍선을 가지고 공연을 할 수 있게 되고, 그 모습을 본 아이는 용기를 갖게 되어 풍선을 하늘로 날려 준다.

활동목표 몸의 여러 부분을 이용하여 풍선을 쳐 본다.
풍선을 이용해 기본 이동 동작을 표현한다.

활동자료 그림책 〈빨간 풍선〉, 풍선, 리본

활동방법

① 그림책 〈빨간 풍선〉을 읽고 주인공의 느낌과 감정, 주인공에게 하고 싶은 말은 무엇인지 이야기 나눈다.
- 주인공은 왜 얼굴을 풍선으로 가리고 다녔을까?
- 풍선으로 얼굴을 가리고 다닐 때, 풍선을 하늘로 날려 보냈을 때 기분은 어떨까?
- 주인공에게 하고 싶은 말은 무엇이니?

② 풍선을 탐색하고, 풍선을 움직이게 하는 방법을 생각해 본다.
- 풍선을 만져 보니 느낌이 어떠니?
- 풍선으로 얼굴을 가려 보자. 어떤 느낌일까?
- 풍선을 움직이려면 어떻게 하면 좋을까요?
- 풍선을 던지고 받는 활동을 해보자.
- 머리, 발, 어깨 등을 이용하여 풍선을 쳐 본다.

③ 풍선을 이용해 할 수 있는 놀이를 해본다.
- 풍선으로 어떤 놀이를 할 수 있을까? (풍선으로 만들기: 풍선 아트, 풍선 안

고 반환점 돌아오기, 정전기 만들기 등)

〈함께 보면 좋은 그림책〉

· 노란 풍선, 사카이 고마코 지음, 고향옥 옮김, 웅진주니어, 2007

· 파란 풍선, 막 잉크펜 지음, 사랑이, 2002

1. 신나는 행진

숲 속에서

마리 홀 에츠 지음, 박철주 옮김, 시공주니어, 1998

동화내용

새 나팔과 종이 모자를 가진 소년이 숲 속으로 들어가 혼자 산책을 한다. 아이의 나팔소리에 잠이 깬 사자는 아이를 따라 숲을 산책하고 싶어 따라 나선다. 물장난을 하던 두 마리의 아기 코끼리, 커다란 곰 두 마리, 캥거루 가족, 늙은 황새, 원숭이 두 마리, 토끼도 모두 소년을 따라 나서 근사한 행렬을 이룬다. 숲 속의 넓은 장소에 이르자 과자도 먹고 손수건 돌리기, 남대문 놀이, 숨바꼭질 등 재미나는 놀이를 한다. 소년이 술래가 되어 모든 동물들이 숨었을 때, 소년을 찾아 헤매던 아빠가 나타난다. 소년은 아빠의 목말을 타고 집으로 가면서 동물친구들에게 다시 놀러 오겠다고 약속한다.

활동목표 행진에 대한 생각과 느낌을 음악에 맞춰 창의적으로 표현해 본다.

활동자료 그림책 〈숲 속에서〉, 동물 머리띠, 그림책에 나온 소품, 음악자료(행진곡)

활동방법

① 놀이공원 등에서 행진 행렬을 본 경험에 대해 이야기한다.
- 사람들은 어떤 옷을 입었니?
- 어떤 장식을 했니?
- 어떤 음악 소리가 들렸니?

② 그림책 〈숲 속에서〉에 나오는 동물이 되어 짝을 지어 행진해 보자.
- 어떤 동물들이 행진을 했니?
- 그림책 〈숲 속에서〉의 행진을 하려면 어떤 소품들이 필요할까?
  (나팔, 종이 모자, 머리빗, 왕관, 스웨터, 신발, 땅콩, 잼 등)

③ 주인공과 동물들이 숲 속에서 했던 놀이에 대해 이야기 나누고, 같이 놀이해 본다.
(나팔 불기, 동물 소리내기, 간식 먹기, 손수건 돌리기, 기차 놀이, 술래잡기)
- 숲 속에서 할 수 있는 다른 놀이는 어떤 것이 있을까?

〈함께 보면 좋은 그림책〉

· 퍼레이드, 마그렛 레이 글, 바이파 인터액티브 그림, 김서정 옮김, 문진미디어, 2002
· 숲 속의 숨바꼭질, 수에요시 아키코 지음, 고광미 옮김, 한림출판사, 2000
· 할아버지와 숨바꼭질, 롭 루이스 지음, 박향주 옮김, 보림, 2001

2. 달려보세요

점점 작게 점점 크게

팻 허친스 글 · 그림, 서남희 옮김, 국민서관, 2005

동화내용

부엉이, 여우, 다람쥐, 토끼, 생쥐가 숲에 앉아 있다가 부엉이가 맞은 편 숲으로 날아가자 크기가 점점 작아져 보인다. 여우는 부엉이가 작아지다 없어질까봐 그 뒤를 쫓아가자 여우도 점점 작게 보인다. 토끼가 깜짝 놀라 여우의 뒤를 쫓는다. 곧이어 다람쥐가 토끼를, 생쥐가 다람쥐를 구하려고 쫓아간다. 하지만 맞은 편 숲에 가 보니 숲도, 동물 친구들도 모두 그대로여서 친구들은 서로의 모습이 그대로인 것을 확인하고 비로소 안도의 한숨을 내쉰다.

활동목표 주변의 사물을 탐색하고, 공간 개념을 형성한다.

활동자료 그림책 〈점점 작게 점점 크게〉, 동물 머리띠(여우, 토끼, 다람쥐, 생쥐, 부엉이), 호루라기

활동방법

① 그림책 〈점점 작게 점점 크게〉를 읽고 동물들의 크기가 왜 다르게 보이는지 생각해 본다.

- 부엉이가 맞은 편 숲으로 날아가니까 크기가 점점 어떻게 변했니?
- 다른 친구들이 숲으로 달려갈 때는 어땠니?
- 왜 크기가 점점 작아졌을까?

② 역할을 정하여 동물 머리띠를 하고 그림책에 나온 순서대로 달려 본다.

- 출발선에서 반환점까지 달려가는 모습, 반환점에서 달려오는 친구의 모습을 관찰하고 크기를 비교해 본다(거리를 비교적 멀리 잡는다).
- 다른 친구들은 달리는 친구들의 모습이 어떻게 달라지는지 관찰해 본다.

③ 목표 지점까지 이어 달리기를 해보자.

- 전체를 두 그룹으로 나누어 이어 달리기를 해 본다.
- 친구들이 반환점을 돌아 뛰어올 때 모습을 비교해 본다.

3. 바람에 날려요

바람이 불었어

팻 허친스 지음, 박현철 옮김, 시공주니어, 1997

동화내용

바람이 분다. 바람은 장난이라도 치듯이 사람들이 가진 물건들을 하나씩 하늘로 날려 올린다. 사람들은 날아 올라간 물건들을 잡으려고 이리 뛰고 저리 뛰며 난리들이다. 사람들은 바람이 이 많은 물건들을 돌려 주지 않을까봐 불안해 한다.

바람은 그런 사람들을 놀리기라도 하듯, 가지고 놀던 물건들을 마구 뒤섞더니 바닥으로 내던져 버리고 바다로 날아간다.

활동목표 생활 주변의 자연현상에 대해 호기심을 가진다.

활동자료 그림책 〈바람이 불었어〉, 스카프 등 바람에 날리는 자료, 돗자리

활동방법

① 그림책 〈바람이 불었어〉를 읽고 바람에 대해 이야기 나눈다.
- 바람에 날려간 것은 어떤 것들이 있었니?
- 바람이 부는 것을 어떻게 알 수 있었니?

② 바람이 하는 일에 대해 알아보고, 바람을 만드는 방법에 대해 생각해 본다.
- 바람이 나오는 물건은 어떤 것이 있을까?
(선풍기, 부채, 입으로 바람 만들기, 에어컨, 환풍기 등)
- 바람을 어떻게 만들 수 있을까? 어떻게 하면 될까?
- 그림책에서 나온 것 말고 바람에 날릴 수 있는 것들을 찾아보자.
(바람개비, 씨앗, 나뭇잎, 종이, 스카프, 손수건, 종이 비행기, 밀가루 등)

③ 실외 놀이터에서 바람을 느껴 보고 느낌을 표현해 본다.
- 돗자리를 깔고 누워서 바람을 느껴 보자.
- 바람이 어떻게 느껴지니?
- 바람에 날려 보고 싶은 것이 있니? 날려 보자.

추후활동 바람의 느낌을 신체 표현이나 물감 그림으로 표현해 본다.
바람에 대한 동시 짓기

〈함께 보면 좋은 그림책〉
- 바람 부는 날, 정순희 글 · 그림, 비룡소, 1996
- 바람이 멈출 때, 샬로트 졸로토 글, 스테파노 비탈레 그림, 김경연 옮김, 풀빛, 2001
- 바람이 좋아요, 최내경 글, 이윤희 그림, 마루벌, 2008
- 바람이 살랑, 조미자 글 · 그림, 국민서관, 2008
- 비바람 치는 날, 바바라 리만 지음, 마루벌. 2007

4. 터널을 지나가요

터널

앤서니 브라운 글 · 그림, 장미란 옮김, 논장, 2002

동화내용

책과 공상을 좋아하는 내성적인 여동생과 활동적이고 짓궂은 오빠는 매일 티격 태격 다툰다. 어느 날, 매일 싸우는 남매 때문에 화가 난 엄마는 두 아이를 집 밖으로 내쫓는다. 오빠는 터널로 들어가고 터널 밖에서 동생은 계속 오빠를 기다린다. 아무리 기다려도 오빠가 나오지 않자, 별로 좋아하지도 않는 오빠를 위해 동생은 컴컴하고, 축축하고, 미끈거리고, 으스스한 터널을 통과해 온갖 무서운 것이 가득한 숲으로 들어간다. 그런데 그곳에서 오빠는 돌이 되어 있었다. 동생은 오빠를 찾아 껴안고 울었더니 오빠가 점점 부드럽고 따스하게 되었다. 다시 터널을 지나 집으로 돌아온 오빠와 여동생은 둘만의 비밀을 갖게 되고 이전처럼 다투지 않고 사이좋게 지낸다.

활동목표 대근육 발달을 돕는다.
터널을 이용하여 신체활동을 즐긴다.

활동자료 그림책 〈터널〉, 비닐 터널이나 상자로 만든 터널, 오빠, 동생 머리띠

활동방법

① 그림책 〈터널〉을 읽고, 동생과 오빠의 느낌, 변화에 대해 이야기 나눈다.
- 터널을 본 적이 있니?
- 터널을 들어가기 전과 들어간 후 무엇이 달라졌니?
- 터널 속 숲이 나오는 장면에 숨어있는 그림을 찾아본다.

② 준비한 터널 상자를 자유롭게 탐색해 본다.
- 이 상자 터널에 들어가려면 몸을 어떻게 해야 할까?
- 이 터널을 지나면 어디로 나갈 수 있을까?
- 터널 속을 통과해 보자. 느낌이 어떠니?

③ 다양한 동작으로 터널을 통과해 본다.
- 거북이처럼 천천히 기어서 가 볼까?
- 토끼처럼 빠르게 통과해 보자.
- 뱀처럼 기어보자.

④ 오빠와 여동생으로 역할을 나누어 통과하기 게임을 해본다.

- 터널 상자를 이용해서 어떤 게임을 할 수 있을까?
- 오빠는 터널을 지나서 반환점에서 돌이 되어 서 있기
- 동생은 터널을 지나 오빠를 껴안아주고 둘이 같이 터널 지나오기
- 어떤 놀이와 비슷하니? (얼음 땡 놀이)

추후활동 상자 터널 꾸미기

5. 눈 오는 날

눈 오는 날

에즈라 잭 키츠 지음, 김소희 옮김, 비룡소, 1995

동화내용

피터는 아침에 일어나 눈이 쌓인 것을 보고 밖으로 뛰어 나간다. 피터는 이리저리 발자국을 내며 걷기도 하고, 큰 아이들이 노는 데 기웃거리기도 한다. 아직 어려서 형들의 눈싸움에 낄 수 없는 피터는 눈사람도 만들고 눈 위에 누워 눈 천사를 만들고 눈더미 위로 올라가 미끄럼도 타며 혼자서 즐긴다.

집에 돌아가기 전에 눈을 꼭꼭 뭉쳐서 주머니에 넣는 피터. 내일도 눈을 가지고 놀 생각에 즐겁기만 하다. 따뜻한 목욕물에 몸을 담근 후에도 즐거웠던 눈 오는 날이 자꾸만 생각난다. 잠들기 전 주머니 속에 손을 넣어본 피터는 이미 다 녹고 사라진 눈 때문에 슬퍼진다. 다행히 다음 날도 눈이 펄펄 내리고 온 세상은 하얗다. 피터는 옆집에 사는 친구를 불러 눈 속에서 논다.

활동목표 계절의 변화를 이해하며, 눈이 오면 할 수 있는 놀이를 경험한다.

활동자료 그림책 〈눈 오는 날〉, 막대기, 찍기 도구.

활동방법

① 눈 오는 날의 경험에 대해 이야기 나눈다.

- 눈이 오면 기분이 어떠니?
- 눈 오는 날에는 어떤 놀이를 할 수 있을까?

② 그림책 〈눈 오는 날〉을 읽고, 이야기 나눈다.

- '피터'는 눈 오는 날 무엇을 했니?
  (눈사람 만들기, 눈 발자국 찍기(앞으로/ 뒤로 걷기/ 신발 거꾸로 신고 걷기), 눈 뭉치기, 눈 던지기, 눈 천사 놀이, 막대로 눈 위에 글자 쓰기, 선 긋기)

③ 우리가 피터가 된다면 어떤 놀이를 더 해보고 싶은지 이야기 나눈다.

- 눈 위에 막대기로 그림 그리기
- 눈 위에 물감으로 그림 그리기
- 도구(우유팩, 모양 틀, 깡통, 플라스틱 끼우기 블록 등)를 사용해 찍어 보기
- 두 팔을 벌리고 눈 위에 누운 뒤 날개 달린 천사의 모습을 그린 후 장식하여 꾸민다(수수깡, 작은 돌멩이, 반짝이 모루, 깃털 등).

〈함께 보면 좋은 그림책〉

· 아빠랑 눈싸움을 했어요, 다니엘 부르 지음, 월드 북스, 2004
· 눈사람 아저씨, 레이몬드 브리그스 지음, 이명희 옮김, 마루벌, 2003
· 눈사람아 춥겠다, 설용수 지음, 이수민 그림, 바우솔, 2004
· 발자국을 따라가 볼까요?, 제르다 뮐러 글 · 그림, 한소원 옮김, 파랑새어린이, 2007

6. 어디만큼 왔나

어디만큼 왔나?

조은수 글, 최나미 그림, 웅진닷컴, 2005

동화내용

햄이 되기 싫은 돼지는 요리사를 피해 도망가다가 사냥꾼을 피해 도망치던 까마귀를 만나 함께 도망을 간다. 연못을 건너고, 기찻길을 지나서, 땅 끝까지, 세상 꼭대기까지 달아난다. 드디어 멀리멀리 달아나 달님에게 가게 된다.

활동목표 전래 동요를 즐겨 듣고, 감상하는 능력을 기른다.
실외에서 공간을 이동하며 지시에 따라 몸을 움직일 수 있다.

활동자료 그림책 〈어디만큼 왔나?〉, 노랫말 자료, 어디까지 왔나 CD및 CD플레이어

활동방법

① 그림책 〈어디만큼 왔나?〉에서 돼지와 까마귀가 간 곳을 알아보자.
- 돼지와 까마귀는 왜 멀리까지 가게 되었니?

② 실외에서 교사와 유아가 함께 전래동요 '어디만큼 왔나'를 부르며 마당을 둘러본다. 함께 놀이할 유아들은 앞사람의 어깨나 허리를 잡고 뒤로 길게 늘어선다.
- 어디만큼 왔나? 그네 앞에 왔다.
- 어디만큼 왔나? 미끄럼틀 앞에 왔다 등

> 어디만큼 왔나 연못까지 왔지
> 어디만큼 왔나 기찻길까지 왔지
> 어디만큼 왔나 땅 끝까지 왔지
> 어디만큼 왔나 꼭대기까지 왔지
> 어디만큼 왔나 달님까지 왔지

③ 목적지에 다 오면 술래를 바꾸어 놀이한다.

④ 유아들이 익숙해지면 유아들끼리 가고 싶은 곳을 대답하며 놀이해 본다.
- 유아 2~3명이 1조를 이루어 전래 동요 운율에 맞추어 놀이한다.
- 영아는 앞뒤로 서지 않고 옆으로 서서 손을 잡고 다니며 놀이해 본다.

확장활동 실내에서 놀이할 경우 유아들과 마당놀이 전체 지도를 보며 전래동요를 불러 본다.

주의사항 안전을 위해 유아들이 위험한 곳(층계나 그네 등)으로 가지 않도록 규칙을 정하고 놀이한다.

7. 발자국 놀이

구두 발자국

김홍모 글 · 그림, 북스, 2008

동화내용

밤새 눈이 수북이 와서 온 세상이 하얗게 변한 아침, 실컷 늦잠을 자던 홍모는 엄마의 눈이 왔다는 소리에 잠이 깬다. 신이 난 홍모는 따뜻하게 완전무장을 하고 강아지 메리와 함께 발자국을 남기며 눈밭으로 뛰어 나간다. 홍모와 메리는 노래를 부르며 눈 위에 발자국을 찍으며 걸어 다닌다. 마침내 "다했다"며 언덕 위로 올라가서 밑을 내려다 본 곳엔 발자국으로 만든 멋진 그림이 있다.

활동목표 눈 위를 걸어 발자국을 관찰하며 물체의 변화에 관심을 가진다.

활동자료 그림책 〈구두 발자국〉

활동방법

① 그림책 〈구두 발자국〉을 읽고 이야기 나눈다.
- 홍모처럼 눈 위에 발자국을 찍어본 적이 있니?
- 눈 위를 걸을 때 어떤 느낌이었니?

② 눈 온 다음 날, 운동장이나 놀이터에 나가 발자국을 찍어 본다.
- 눈 위를 걸으니 어떤 소리가 나니?
- 조심하면서 뒤로 걸어 볼까? 발자국이 어떻게 보이니?
- 내 발자국과 친구의 발자국을 비교해 보자.

③ 친구와 함께 발자국으로 큰 그림을 만들어 본다.
- 홍모가 발자국으로 만든 그림은 무엇이니?
- ㅇㅇ는 어떤 그림을 만들고 싶니?
- 친구와 같이 발자국을 찍어 볼까?

〈함께 보면 좋은 그림책〉
- 발자국을 따라가 볼까요?. 제르다 뮐러 글 · 그림, 한소원 옮김, 파랑새어린이, 2007
- 야, 발자국이다. 도토리 글, 문병두 그림, 보리, 2003

8. 어린이 도서관 견학

도서관에 개구리를 데려갔어요

에릭 킴멜 글, 블랜치 심스 그림, 신형건 옮김, 보물창고, 2006

동화내용

브리짓은 책을 좋아하는 동물(개구리와 암탉, 펠리컨, 비단 구렁이, 기린, 하이에나, 코끼리)을 데리고 도서관에 갔으나, 이 동물들 때문에 소동이 일어난다. 개구리는 책상 위로 풀쩍 뛰어오르고, 암탉은 대출카드 함에 알을 낳고, 펠리컨은 부리 주머니 속에 사전을 숨기고, 기린은 긴 목으로 다른 친구들 어깨 너머로 자꾸 책을 훔쳐본다.

이런 소동들 때문에 사서 선생님이 동물들을 도서관에 데려오지 말라고 하자, 브리짓은 코끼리의 배웅을 받으며 혼자서 도서관에 간다. 브리짓이 도시관에 간 사이 집 안 곳곳에서 동물들이 책을 읽고 있다. 그리고 동물들은 모두 모여서 코끼리가 책 읽어 주는 것을 듣고 있다.

활동목표 도서관이 하는 일에 대해 알고, 도서관의 규칙과 사용법을 익힌다.
책 보는 것을 즐기고 책을 소중하게 다룬다.

활동자료 그림책 〈도서관에 개구리를 데려갔어요〉

활동방법

① 그림책 〈도서관에 개구리를 데려갔어요〉를 읽고 도서관이 하는 일과 이용방법에 대해 알아본다.

- 브리짓이 동물을 도서관에 데려갔을 때 어떤 일이 일어났니?
- 책을 읽고 있을 때 방해가 되는 행동에는 어떤 것들이 있을까?
- 도서관에서 지켜야 할 약속은 어떤 것들이 있을까?

> * 도서관은 책을 읽는 곳이므로 다른 사람에게 방해가 되지 않도록 한다.
> * 책을 볼 때는 책이 구겨지거나 찢어지지 않도록 조심한다.
> * 도서관 안에서는 작은 소리로 이야기하고, 조용히 움직이도록 한다.

② 근처에 있는 (어린이)도서관을 견학할 계획을 세운다.

- 도서관에 가 본 적이 있니?
- 도서관에는 어떤 것들이 있었니? 누가 있을까?
- 도서관은 왜 있는 걸까?

- 어떻게 하면 도서관을 이용할 수 있을까?

③ 도서관에서 할 수 있는 놀이는 어떤 것이 있는지 이야기 나눈다.

- 도서관에서 할 수 있는 조용한 놀이에는 어떤 것들이 있는지 생각해 보자.
    - 소리 내지 않고 말하기
    - 같은 작가의 다른 책 찾아 비교하기
    - 제목이 같은 책 찾기
    - 출판사가 같은 책 찾기

④ 도서관을 견학한 후, 어린이 책 코너에서 책을 찾는 방법을 알아본다.

- 도서관 안에 있는 컴퓨터로 검색하기(컴퓨터에 책의 이름이나, 출판사, 작가명 등을 입력해서 검색한 후, 책이 있는 위치를 알아서 책을 찾는다)
- 도서관 사서에게 도움 요청하기
- 도서관 안내도를 보고 찾아가기

⑤ 도서관에 다녀온 견학 경험에 대해 이야기 나누고, 기억에 남는 일을 그려 본다.

- 도서관을 다녀온 후의 느낌을 이야기해 본다.

확장활동

- 도서관 사서에게 편지 쓰기(감사의 말, 궁금한 것 질문하기)
- 어린이 도서관을 꾸며 역할놀이를 할 수 있다.
- 언어활동 – 도서관에 데려간 동물 친구의 이름을 쓰고, 도서관에서의 행동을 생각하며 자신의 생각을 글과 그림으로 표현해 본다.

■ 도서관에 개구리를 데려갔어요.

□ 도서관에 (　　　　　)를 데려갔어요.
그랬더니 (　　　　　)는 ____________________

□ 도서관에 (　　　　　)을 데려갔어요.
그랬더니 (　　　　　)은 ____________________

□ 도서관에 (　　　　　)을 데려갔어요.
그랬더니 (　　　　　)은 ____________________

□ 도서관에 (　　　　　)을 데려갔어요.
그랬더니 (　　　　　)은 ____________________

〈도서 자료 검색하기〉

〈서가에서 책 찾기〉

〈엄마와 함께 책 읽기〉

〈책 대출하기〉

〈함께 보면 좋은 그림책〉

- 도서관에 간 사자, 미셸 누드슨 글, 케빈 호크스 그림, 홍연미 옮김, 웅진 주니어, 2007
- 도서관에 도깨비가 으히히히, 싱자휘 글, 양완징 그림, 심윤섭 옮김, 국민서관, 2008
- 도서관 생쥐, 다니엘 커크 지음, 신유선 옮김, 푸른 날개, 2007

전통놀이

1. 책 속에 우리 가락이 있어요

사물놀이 이야기

김동원 글, 곽영권 그림, 사계절, 2001

동화내용

선을 상징하는 밝은 나라에 악의 상징인 잿빛귀신이 쳐들어 오자 잿빛 기운으로 말미암아 갖가지 병에 걸려 고통 받는 백성들을 구하기 위해, 각각 양과 음을 상징하는 밝은 나라 임금의 두 아들과 두 딸이 남북동서 사방 끝으로 보물을 찾아 떠난다.

주작, 현무, 청룡, 백호 등 사방을 지키는 수호신들을 만나 꽹과리, 징, 장고, 북, 네 가지 보물을 구해 온 아들과 딸들이 보물을 울려 큰 울림을 내고, 이에 임금이 지니고 있던 태평소의 소리가 어우러지면서 바람과 구름과 비와 번개를 일으켜 잿빛귀신을 무찌른다. 밝은 나라에 다시 평화가 찾아 오고, 훗날 사람들이 이를 기리기 위해 사물과 태평소를 만들었는데 흥겹게 울리며 어우러지는 사물놀이가 되었다.

활동목표 우리의 전래놀이인 사물놀이에 관심을 갖고 친숙해진다.
우리 악기에 대한 리듬감을 기르며, 즐겁게 감상한다.

활동자료 그림책 〈사물놀이 이야기〉, 음악자료(사물놀이)

활동방법

① 사물놀이란 무엇인지 이야기 나눈다.

- '사물' 은 무엇을 말하는 걸까?(꽹과리, 징, 장고, 북)
- 사물놀이를 본 적이 있니?
- 풍물놀이와는 어떻게 다를까?

꽹과리 징 장고 북 태평소

② 그림책 〈사물놀이 이야기〉를 읽고, 책의 내용을 회상하며 이야기 나눈다.

- 밝은 나라에 있는 네 가지 보물은 무엇이니?
- 보물을 지키는 수호신은 누구일까?
- 임금의 두 아들과 두 딸은 어떻게 보물을 얻게 되었니?
- 밝은 나라는 어떻게 잿빛 귀신을 물리칠 수 있었니?

③ 사물놀이 음악을 감상한 후 느낌을 이야기해 본다.

- 사물놀이에 나오는 악기의 소리를 내볼 수 있을까?
- 사물놀이 음악(장단)에 맞춰 몸을 움직여 보자.

〈함께 보면 좋은 그림책〉

· 사물놀이, 조혜란 그림, 김동원 구음 · 감수, 길벗어린이, 2000
· 피터와 늑대, 세르게이 프로코피예프 지음, 유영미 옮김, 미래M&B, 2000

2. 판소리 심청가 (어린이 판소리 그림책)

심청가

이현순 글, 최은미 그림, 김동원 감수, 이슬기 어린이 소리녹음, 초방책방, 2003

동화내용

심청전을 판소리 심청가에 맞추어 재구성한 책으로 심청이 태어남, 동냥젖으로 자라는 청이, 물에 빠진 봉사, 남경장사 선원들 소리, 심청이 떠나는 날, 인당수 뛰어드는 심청, 용궁잔치, 눈물짓는 심봉사, 연꽃 속의 심청, 황후 심청의 눈물, 심봉사와 청이의 만남, 눈 뜨는 심봉사, 얼씨구나 얼씨구로 이루어져 있다.

활동목표 우리나라 고유의 음악인 판소리의 이해를 돕는다.
우리 탈과 탈춤에 대해 관심을 갖는다.

활동자료 그림책 〈심청가〉, 녹음자료 〈심청가〉, CD 플레이어, 북, 북채

활동방법

① 그림책 〈심청가〉를 소개하고 판소리에 대해 이야기 나눈다.
- 옛날부터 전해 내려오는 이야기 중에 '효녀 심청' 이야기를 우리 노래 판소리로 들어 보자.
- 판소리 하는 것을 본 적이 있니?
- 판소리는 아니리(말)와 발림(몸짓)으로 이야기를 들려준다.

② 그림책을 보며 판소리 〈심청가〉를 감상한다.
- 그림책 〈판소리 심청가〉를 들어보니 어떤 느낌이드니?
- 그림책을 보며 등장인물의 감정을 말해보자.
(심청이 이별했을 때, 배에서 뛰어내릴 때, 심청이 연꽃에서 나타났을 때 등)

③ 판소리에 나오는 여러 장단에 대해 알아본다.
- 눈물짓는 심봉사(진양), 용궁잔치(엇모리), 눈뜨는 심봉사(자진모리) 등의 장면을 듣고 느낌을 이야기해 본다.
- 소리꾼과 고수의 역할에 대해 이야기 나눈다.
- 고수의 추임새를 따라해 보자.

④ 그림책에 나온 등장인물이 쓰고 있는 탈과 탈춤에 대해 알아본다.
(심청, 심봉사, 선인, 옥황상제, 임금님)

⑤ 심청가의 내용을 이해하면서 판소리를 다시 감상한다.

참고사항 유아들의 흥미를 고려하여 대목 별로 2~3일에 나누어 들을 수 있다.

확장활동 우리 가락 익히기(장구 놀이), 등장인물의 탈 만들기

□ 판소리

전통적인 한국 민속악의 한 양식.
판소리는 중요무형문화재 제5호로 유네스코 '인류 구전 및 세계 무형 유산 걸작'으로 선정되어 세계무형유산으로 지정되었다. 대중적인 이야기를 바탕으로 소설이나 민담을 노래화한 판소리는 조선 중기 이후 남도지방 특유의 곡조를 토대로 발달하였다.
판소리는 한 사람의 소리꾼이 고수와 북장단에 맞춰 이야기하고 노래한다. 민속음악인 판소리의 구성은 노래인 창, 아니리, 발림, 추임새로 이루어진다.

□ 판소리 장단

- 진양 : 느린 6박자를 한 단위로 하며 빠르기는 ♩=35 정도이다.
  판소리에서 사설의 내용이 한가하고 유장한 대목에 주로 쓰인다.
- 중중모리 : 조금 빠른 12박으로 빠르기는 ♩=80~96이다.
  흥겨운 느낌으로 춤추는 장면이나 활발하게 걷는 장면에 주로 쓰이며, 때로는 통곡하고 애통해 하는 대목에도 쓰인다.
- 중모리 : '중머리'라고도 하며 보통 빠르기의 12박으로 빠르기는 ♩=84~92이다.
  서정적인 대목이나 상황을 평탄하게 서술하는 대목에 주로 쓰인다.
- 자진모리 : 매우 빠른 12박 장단으로 ♩=80~110 정도이다.
  판소리에서는 한 내용을 길게 나열하거나 극적이고 긴박한 대목의 묘사에 쓰인다.
- 엇모리 : 빠른 10박 장단으로 빠르기는 ♩= 200 정도이다.
  신비스러운 장면이나 특수한 인물이 출현하는 장면에서 극적인 효과를 돋우는 장단으로 많이 쓰인다.
- 휘모리 : 매우 빠른 8박 장단으로 빠르기는 ♩=208~230 정도이다. 급하고 분주한 대목이나 절정을 묘사한 대목에 쓰인다.

출처: 네이버 백과사전(100. naver. com)

〈함께 보면 좋은 그림책〉
- 오늘은 촌놈 생일이에요, 이명랑 글, 배현주 그림, 김광언 감수, 중앙출판사, 2007
- 효녀심청, 박민호 글, 장은주 그림, 삼성출판사, 2003
- 효녀 심청, 유문조 글, 김소영 그림, 아이즐북스, 2006

3. 윷놀이

윷놀이 이야기

이은화 글, 한유민 그림, 한림출판사, 1993

동화내용

새해 첫날 마을의 동물 친구들은 어른들께 세배를 드리기로 약속했다. 어른들께 세배를 마친 후, 꿀꿀이는 세뱃돈 대신 받은 사과를 더 갖고 싶어서 친구들에게 달리기 경주를 하자고 제안한다. 경기 규칙과 정하고 심판을 정한 후, 마을 어른들이 모인 가운데 경주가 시작된다. 마음이 급했던 꿀꿀이는 그만 넘어져버리고, 결국 꼴지로 달리기를 마친다. 어른들은 열심히 뛰고, 또 규칙을 잘 지키는 동물친구들을 보고 이를 기념하기 위해 재미있는 놀이를 만든다. 이 놀이가 지금까지 전해지는 것이 '윷놀이'이다.

활동목표 게임의 규칙을 이해하고, 규칙에 따라 즐겁게 놀이할 수 있다.

활동자료 그림책 〈윷놀이 이야기〉, 윷놀이 판, 윷, 매트

활동방법

① 그림책 〈윷놀이 이야기〉를 읽고, 이야기 나눈다.
- 동물 친구들은 왜 달리기 경주를 하게 되었을까?
- 소가 넘어진 돼지를 도와주었을 때 어떤 생각이 들었니?
- 우리의 전래놀이인 윷놀이는 왜 생겨났을까?

② 윷놀이의 게임 규칙과 방법을 이야기 나눈다.
- 윷놀이를 해본 적이 있니? 누구와 했었니?
- 윷놀이는 언제 하는 것일까?
- 윷놀이는 어떻게 하는 것인지 친구들에게 설명해 줄 수 있니?

③ 유아들이 편을 나누어 윷놀이를 진행한다.
- 편을 어떻게 나누면 좋을까?
- 말을 정하고 윷가락을 던져 게임을 진행한다.

④ 게임이 끝나면 윷놀이에 대해 이야기 나눈다.
- 윷놀이할 때 어떤 점이 제일 재미있었니?
- 어려웠던 점은 무엇이었니?
- 어떻게 하면 더 재미있게 놀이할 수 있을까?

참고사항

- 술래 4명이 윷이 되어 게임을 진행할 수 있다.
  (*하나, 둘, 셋 하면 동시에 바로 눕거나, 엎드린다)

〈함께 보면 좋은 그림책〉

· 열두 띠 이야기, 정하섭 글, 이춘길 그림, 보림, 2006

4. 가면놀이

아무도 모를거야 내가 누군지

김향금 글, 이혜리 그림, 보림, 2006

동화내용

직장일로 바쁜 엄마 아빠가 건이를 시골 할아버지 댁에 맡긴다. 장난꾸러기 건이는 엄마 아빠가 온다던 날짜가 지나자 심술을 부린다. 할머니가 화내실 것이 두려워 숨은 다락방에는 양반 탈, 소 탈, 말뚝이 탈 등이 있고 탈과 놀며 시간을 보내게 된다. 할머니가 찾는 소리에 다락문을 살짝 열고 보니 할머니 뿐 아니라 엄마 아빠가 오신 것을 보고 건이는 무척 기뻐한다.

활동목표 우리 탈과 탈춤에 대해 관심을 갖는다.
탈춤 리듬에 맞추어 몸으로 표현한다.

활동자료 그림책 〈아무도 모를거야 내가 누군지〉, 탈놀이 책, 한삼, 탈춤 음악, 장구, 북

활동방법

① 그림책 〈아무도 모를거야 내가 누군지〉를 읽고, 건이가 다락방에서 본 여러 종류의 탈에 대해 이야기 나눈다.
- 건이는 왜 탈을 썼을까?
- 탈을 쓰면 어떤 모습이 될까? 거울에 비추어 보자.

② 탈춤 움직임 동작을 동영상으로 감상한다.
- 탈을 쓰고 움직일 때 팔, 다리를 어떻게 움직이고 있니?
- 탈을 쓰고 머리도 흔들거릴 수 있구나.

③ 교사가 장구나 북으로 쳐 주고 유아가 리듬에 맞추어 움직여 보도록 한다.
- 우리도 한 번 탈을 쓰고 움직여 볼까?
- 한삼을 끼고 팔을 위로 움직여 보자. 멈춰서 뿌려 보자. 한 바퀴를 돌아 보자.
- 다리를 들고 펄쩍 뛰어 보자.

④ 탈춤 음악을 틀어 주고 교사는 추임새를 주며 유아들이 몸을 움직일 수 있도록 한다.

추후활동 미술 활동 시간에 만든 탈을 쓰고 탈춤을 춰본다.

〈함께 보면 좋은 그림책〉
- 오늘은 촌놈 생일이에요, 이명랑 글, 배현주 그림, 김광언 감수, 중앙출판사, 2007

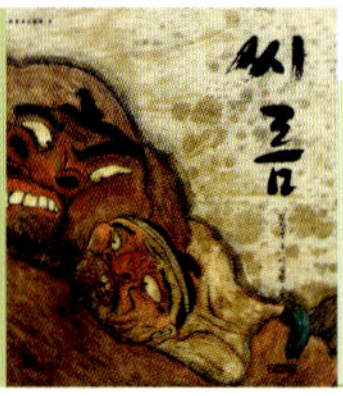

5. 씨름

씨름

김장성 글, 이승현 그림, 사계절, 2007

동화내용

단옷날, 샛강 가 모래밭에 구경꾼이 모여든다. 어린아이부터 나이 많은 어르신네들까지, 남자 여자 할 것 없이 왁자지껄하게 모인다. 엿장수, 떡장수도 오고, 씨름에서 이긴 천하장사에게 상으로 주는 황소도 오고 씨름판이 벌어진다. 한 판, 두 판, 판을 거듭할 때마다 기세등등하던 장사들이 하나둘 나가 떨어지고, 마지막으로 가장 센 장사 단 둘만 남는다. 큰 장사와 작은 장사는 들배지기, 받다리걸기, 잡치기, 되치기 등의 여러 기술이 들어가고 마지막으로 큰 장사의 누르기를 작은 장사가 뒤집기 기술로 이기고 천하장사가 되어 황소를 타고 집으로 돌아간다.

활동목표 우리 고유의 놀이인 씨름에 대해 알아보고, 전통놀이에 관심을 갖는다.

활동자료 그림책 〈씨름〉, 샅바

활동방법

① 그림책 〈씨름〉을 읽고, 이야기 나눈다.

- 씨름을 본 적이 있니?
- 어떻게 하는 걸까?
- 단오는 언제를 말하는 걸까?
- 씨름을 구경하러 온 사람들은 누가 있었니?

② 우리의 전통놀이인 '씨름'의 기술, 규칙 등에 대해 알아본다.

- 씨름에서 상대에게 거는 기술은 어떤 것이 있을까?
  (들배지기, 받다리걸기, 잡치기, 되치기, 누르기, 뒤집기 등)
- 어떻게 해야 이기는 걸까?

③ 씨름 유아들이 장사가 되어 씨름을 해본다.

- 씨름대회를 우리 반에서 하려면 무엇이 있어야 할까?
- 어떻게 준비하면 될까?
- 어디에서 하면 될까?
- 주의할 점은 어떤 것이 있을까?

확장활동 실외의 모래놀이 영역에서 씨름을 해볼 수 있다.

〈함께 보면 좋은 그림책〉
- 우리 씨름 한 판 할까?, 정미라 글, 윤정주 그림, 아이코리아, 2007
- 씨름하는 쥐 : 일본편, 이우경 글 · 그림, 국민서관, 1992

그림책 목록

■ 역할놀이

- **이모의 결혼식** 선현경 지음, 비룡소, 2004
- **우리 누나 시집 가던 날** 김해원 글, 박지훈 그림, 중앙출판사, 2006
- **헤어드레서 민지** 정은희 글 · 그림, 상출판사, 2007
- **우체부 아저씨와 비밀 편지** 앨런 앨버그 글, 자넷 앨버그 그림, 김상욱 옮김, 미래M&B, 2003
- **뭐든지 뚝딱뚝딱 수리공 하마군** 채인선 글, 김유대 그림, 시공주니어, 2000
- **장날** 이윤진 글, 이서지 그림, 한솔수북, 2008
- **피터의 편지** 에즈라 잭 키츠 글 · 그림, 이진수 옮김, 비룡소, 1996
- **이사 가는 날** 야마모토 쇼조 글, 스즈키 마모루 그림, 크레용하우스, 2001
- **괴물들이 사는 나라** 모리스 샌닥 글 · 그림, 강무홍 옮김, 시공주니어, 1994
- **로지의 산책** 팻 허친스 글,그림, 오정환 옮김, 더큰 theknn 더큰컴퍼니, 2007
- **오늘은 우리 집 김장하는 날** 채인선 글, 방정화 그림, 보림, 2001

■ 쌓기놀이

- **자꾸자꾸 모양이 달라지네** 팻 허친스 그림, 보물창고, 2006
- **압둘 가사지의 정원** 크리스 반 알스버그 지음, 이상희 옮김, 베틀북, 2002
- **주먹이** 김중철 글, 이혜리 그림, 웅진주니어, 1998
- **낮잠 자는 집** 오드리 우드 글, 돈 우드 그림, 조숙은 옮김, 보림, 2000
- **헨젤과 그레텔** 그림 형제 글, 앤서니 브라운 그림, 장미란 옮김, 비룡소, 2005
- **이글루를 만들자** 울리 쉬텔처 지음, 곽성화 옮김, 비룡소, 2003

■ 물놀이

- **목욕은 즐거워** 교코 마스오카 글, 하야시 아키코 그림, 한림출판사, 1996

- **목욕은 정말 싫어!** 앰버 스튜어트 글, 로라 랭킨 그림, 민유리 옮김, 베틀북, 2006
- **우리는 벌거숭이 화가** 문승연 글, 이수지 그림, 천둥거인, 2005
- **피터의 의자** 에즈라 잭 키츠 글 · 그림, 이진영 옮김, 시공주니어, 1996
- **도깨비를 빨아버린 우리 엄마** 사토 와키코 지음, 한림출판사, 1991
- **비 오는 날 웅덩이에서** 데이비드 맥페일, 김현숙 옮김, 베틀북, 2002

■ 모래 놀이

- **모래놀이 가자** 김성은 글, 박수지 그림, 이장원 사진, 이수현 꾸밈, 웅진주니어, 2008
- **누가 모래성을 밟았을까** 파비엔느 떼이세드르 지음, 김소연 옮김, 킨더랜드, 2007
- **신발 신발 아가씨** 버나드 로지 글, 캐더린 로지 그림, 김서정 옮김, 한솔수북, 2005
- **터널 밖으로** 바바라 레이드 글 · 그림, 나희덕 옮김, 국민서관, 2006
- **모래성** 타무라 시게루 지음, 김경원 옮김, 어린이작가정신, 2003
- **보물찾기는 힘들어** 카도노 에이코 글, 다루이시 마코 그림, 김난주 옮김, 웅진주니어, 2005

■ 운동놀이

- **아빠랑 함께 피자 놀이를** 윌리엄 스타이그 지음, 박찬순 옮김, 보림, 2000
- **휘파람을 불어요** 에즈러 잭 키츠 글 · 그림, 김희순 옮김, 시공주니어, 1999
- **새둥지를 이고 다니는 사자임금님** 기시다 에리코 글 · 그림, 한림출판사, 1991
- **크릭터** 토미 웅게러 글 · 그림, 장미란 옮김, 시공주니어, 1996
- **새앙쥐와 태엽쥐** 레오 리오니 글 · 그림, 이명희 옮김, 마루벌, 1999
- **올리비아** 이언 포크너 글 · 그림, 장미란 옮김, 킨더랜드, 2007

- **곰 사냥을 떠나자** 마이클 로젠 글, 헬렌 옥슨버리 그림, 공경희 옮김, 시공주니어, 1994
- **빨간 풍선** 황수민 글 · 그림, 상출판사, 2008

■ 목공놀이

- **뚝딱 뚝딱 집을 짓자** 신정민 글, 백은희 그림, 꿈동산, 2001
- **치과의사 드소토 선생님** 윌리엄 스타이그 지음, 조은수 옮김, 비룡소, 1995

■ 실외놀이

- **숲 속에서** 마리 홀 에츠 지음, 박철주 옮김, 시공주니어, 1998
- **점점 작게 점점 크게** 팻 허친스 글 · 그림, 서남희 옮김, 국민서관, 2005
- **바람이 불었어** 팻 허친스 지음, 박현철 옮김, 시공주니어, 1997
- **터널** 앤서니 브라운 글 · 그림, 장미란 옮김, 논장, 2002
- **눈 오는 날** 에즈라 잭 키츠 지음, 김소희 옮김, 비룡소, 1995
- **어디만큼 왔나?** 조은수 글, 최나미 그림, 웅진닷컴, 2005
- **구두 발자국** 김홍모 글 · 그림, 북스, 2008
- **도서관에 개구리를 데려갔어요** 에릭 킴멜 지음, 블랜치 심스 그림, 신형건 옮김, 보물창고, 2006

■ 전통놀이

- **사물놀이 이야기** 김동원 글, 곽영권 그림, 사계절, 2001
- **심청가** 이현순 글, 최은미 그림, 김동원 감수, 이슬기 소리녹음, 초방책방, 2003
- **윷놀이 이야기** 이은화 글, 한유민 그림, 한림출판사, 1993
- **아무도 모를거야 내가 누군지** 김향금 글, 이혜리 그림, 보림, 2006
- **씨름** 김장성 글, 이승현 그림, 사계절출판사, 2007

제3장 그림책 만들기 놀이

1. 작은 책 만들기

내 친구 커트니

존 버닝햄 글 · 그림, 고승희 옮김, 비룡소, 2000

동화내용

강아지를 키우고 싶어 하는 아이들은 엄마 아빠를 조르고 졸라 겨우 강아지를 사도 된다는 허락을 받고, 청소부 아저씨가 보여 준 커트니란 개를 집으로 데려간다. 커트니는 그 다음날 여행 가방을 갖고 오더니 요리도 하고, 청소도 하고, 바이올린 연주도 해 주고, 마술도 부리며 아이들의 가장 좋은 친구가 된다. 불이 났던 날은 아기까지 구해 준다. 그러던 어느 날 갑자기 커트니가 사라진다. 아쉬움 속에 커트니가 기억에서 사라질 때쯤 여행을 간 아이들에게 사고가 났으나, 누군가 알 수 없는 그 무엇이 아이들을 구해 준다.

활동목표 그림책의 내용을 즐겨 들으며 친사회적 사고를 형성하도록 돕는다.

활동자료 그림책 〈내 친구 커트니〉, 도화지, 가위, 싸인펜.

작은 책 만들기

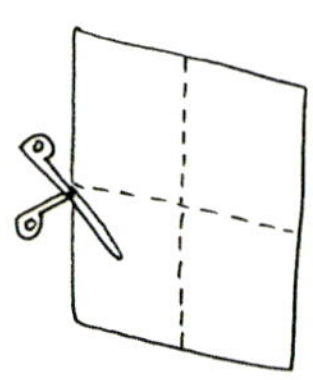

❶ 여덟 개의 면이 나오게 접는다. 종이를 다시 펴서 반 접은 다음 가운데 선을 반만 오린다.

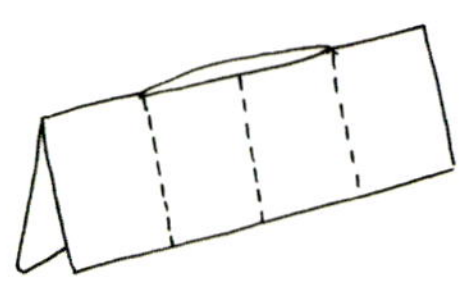

❷ 종이를 펴고 수평으로 접는다.

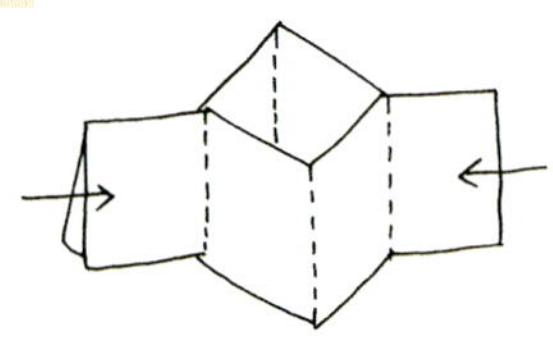

❸ 왼쪽과 오른쪽 끝을 가운데 쪽으로 민다.

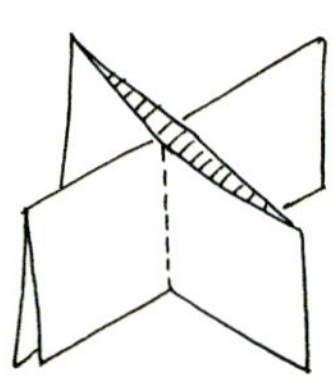

❹ 십자 모양을 만든다.

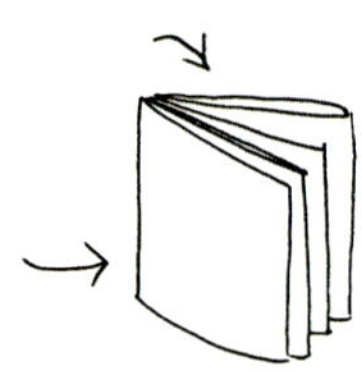

❺ 앞표지와 뒤표지가 연결된 6쪽 작은 책이 완성된다.

활동방법

① 그림책 〈내 친구 커트니〉를 읽고 이야기 나눈다.
- 커트니는 왜 가방을 갖고 다닐까?
- 여행을 해본 적이 있니?
- 여행을 가려면 무엇이 필요할까?

② 작은 책을 만들고, 책등, 겉 표지, 뒷 표지를 꾸민다.
- 여행갈 때 필요한 물건은 무엇일까?
- 만들기 순서도에 따라 작은 책을 만들어 보자.
- 커트니의 여행 가방 안에 있는 것을 그려 보자.
- 제목은 뭐라고 지을까?
- 작은 책의 겉표지는 어떻게 꾸밀까?

③ 작은 책을 완성하고 친구들에게 소개한다.
- 자기가 만든 작은 책을 친구들에게 소개해 보고 싶은 친구 있니?
- 친구가 만든 책에서 궁금한 것이 있니?
- 다른 작은 책을 만들어 볼까?
- 그림책 〈내 친구 커트니〉에서 작은 책으로 만들고 싶은 것은 무엇이니?
  (우리 가족, 커트니가 하는 일, 커트니의 모습 등)

추후활동 커트니 찾기 포스터 만들기 – '커트니는 어디로 갔을까?'

〈함께 보면 좋은 책〉
- 장바구니, 존 버닝햄 글 · 그림, 보림, 1996
- 마법 침대, 존 버닝햄 글 · 그림, 이상희 옮김, 시공주니어, 2003
- 크리스마스 선물, 존 버닝햄 글 · 그림, 이주령 옮김, 시공주니어, 1997

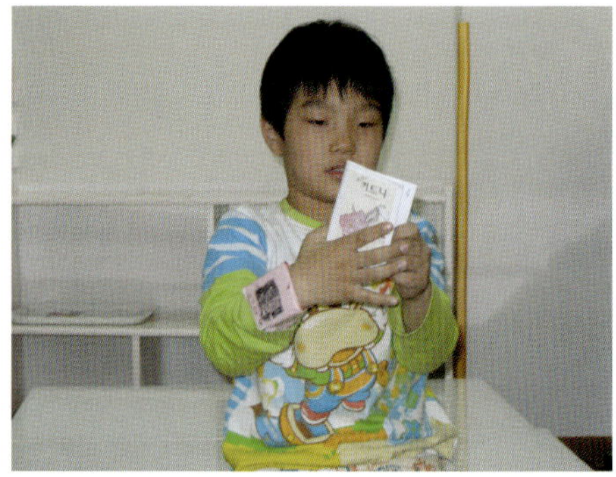

커트니

커트니

2. 얼굴 pop-up 책

우리 엄마

앤서니 브라운 글 · 그림, 허은미 옮김, 웅진주니어, 2005

동화내용

우리 엄마는 굉장한 요리사이고 놀라운 재주꾼이며, 세상에서 가장 힘이 센 여자이며, 훌륭한 화가이기도 하다. 내가 슬플 때면 나를 기쁘게 할 수 있고, 무엇이든 자라게 하는 마법의 정원사이기도 하다. 우리 엄마는 나비처럼 아름답고, 안락의자처럼 편안하고, 아기 고양이처럼 부드럽고, 코뿔소처럼 튼튼하다. 우리 엄마는 무용가가 되거나 우주 비행사가 될 수도 있고, 영화배우나 사장이 될 수도 있었지만 '우리 엄마'가 된 우리 엄마를 나는 영원히 사랑한다.

활동목표 여러 가지 감정에 대한 인식을 돕고, 긍정적인 자아개념을 기른다.

활동자료 그림책 〈우리 엄마〉, 도화지, 색도화지, 색연필, 싸인펜, 가위, 풀

얼굴 pop-up 책

❶ 반으로 접은 흰 도화지에 코와 입부분을 2cm, 4cm 자른다.

❷ 자른 부분을 바깥쪽으로 접었다 편다.

❸ 코와 입의 접은 부분을 다시 펴서 살짝 밀어 넣는다.

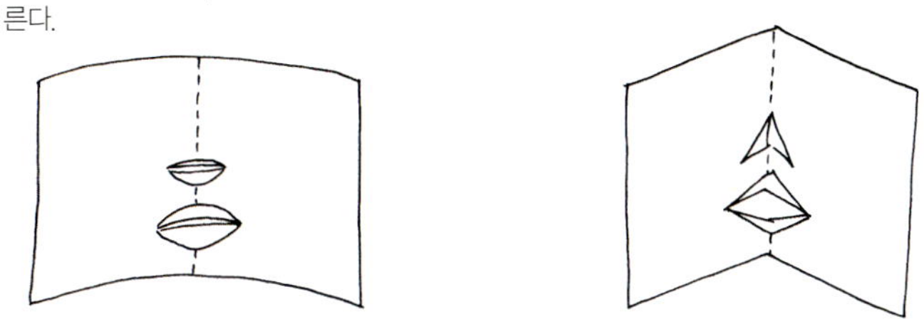

❹ 도화지를 원래 상태로 다시 편다.

❺ 얼굴과 코를 중심으로 얼굴을 그린다.

활동방법

① 그림책 〈우리 엄마〉를 읽고, 엄마의 모습과 엄마에 대한 감정에 대해 이야기 나눈다.
- 엄마는 어떤 일을 하실까?
- 엄마가 기뻐할 때(슬플 때, 무서울 때, 화날 때, 놀랄 때)는 언제이니?
- 엄마가 가장 좋을 때는 언제일까?
- 엄마에게 사랑을 표시하는 방법에는 어떤 것이 있을까?

② 유아들과 '얼굴 pop-up 책' 만드는 방법을 알아보고, 순서대로 만들어 본다.
- 엄마 얼굴을 책으로 만들어 보자.
- 엄마의 어떤 표정을 그릴거니?
- 코 부분을 가위로 오려 점선을 따라 접어 보자.

③ 코 부분을 중심으로 하여 얼굴을 그려 완성한 다음 겉표지에 책 제목과 그림을 그리고, 뒤표지에는 지은이와 출판사, 출판일을 적는다.

④ 완성한 '코 책'을 친구들에게 소개하고, 서로 이야기 나눈다.
- 책 안에 "우리 엄마는 ~해요." 라고 엄마의 모습, 감정을 표현해 본다.

〈함께 보면 좋은 책〉
- 우리 아빠가 최고야, 앤서니 브라운 글 · 그림, 최윤정 옮김, 킨더랜드, 2007
- 우리 형, 앤서니 브라운 글 · 그림, 허은미 옮김, 웅진주니어, 2007
- 내 친구 루이, 에즈라 잭 키츠 글 · 그림, 정성원 옮김, 비룡소, 2001
- 재미있는 내 얼굴, 니콜라 스미 글 · 그림, 박현영 옮김, 와이즈아이, 2007
- 쏘피가 화나면 – 정말, 정말 화나면, 몰리뱅 글 · 그림, 이은화 옮김, 케이유니버스, 2003

우리엄마

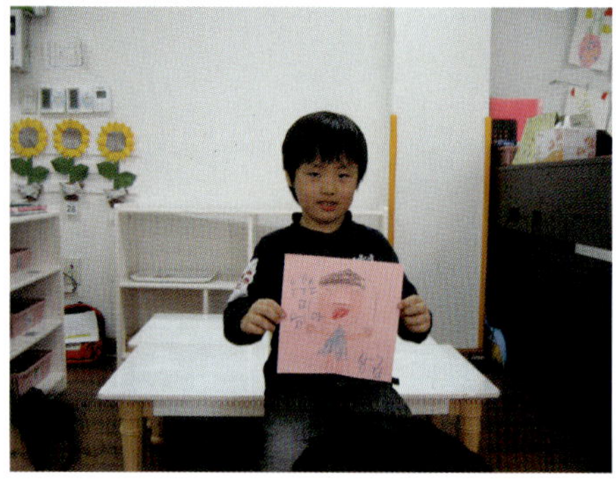

3. 뚜껑 책(flap book)

무엇이든 삼켜버리는 마법상자

코키루니카 글 · 그림, 김은진 옮김, 고래이야기, 2007

동화내용

아침부터 옆집에서 들려 오는 시끄러운 음악 소리에 소년은 짜증이 난다. 학교 갈 준비는 해야 하는데 놀아 달라는 젖먹이 동생을 한대 쥐어박아 엄마에게 꾸중 듣고, 학교에선 선생님께 벌 받고, 집으로 돌아오는 길엔 개한테 물리기까지 한다. 그 때 우연히 소년은 싫어하는 건 무엇이든 삼켜버리는 마법 상자를 발견하게 된다. 소년은 먹기 싫은 생선구이, 시끄러운 소리, 시끄럽게 울어대는 동생도, 야단치는 엄마도, 잔소리하는 선생님과 놀리는 친구들도 다 삼켜버리게 한다. 그리고 그런 나도 싫다고 말해 버리자, 나도 마법 상자 속으로 들어가 내가 싫어했던 많은 것들과 만나게 된다. 그곳에서 나는 "미안해" 라고 말하고 화해한다.

활동목표 자신의 생각을 자유롭게 표현해 본다.

활동자료 그림책 〈무엇이든 삼켜버리는 마법상자〉, 플랩북, 싸인펜

까꿍 책 만들기

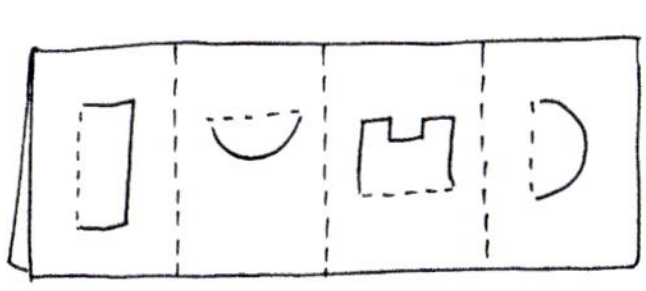

❶ 반으로 접은 도화지를 4등분으로 접어 1~4쪽까지 다양한 모양의 문을 그린다.

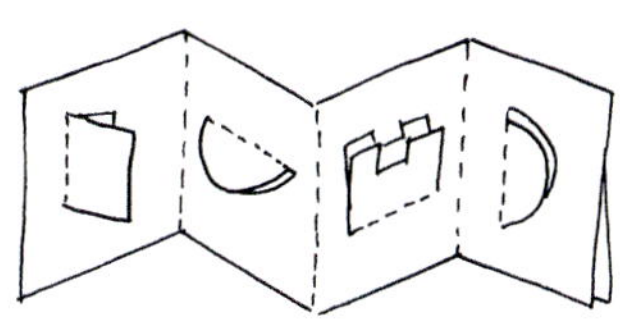

❷ 선을 따라 가위로 오리고, 점선은 밖으로 접는다.

활동방법

① 그림책 〈무엇이든 삼켜버리는 마법상자〉를 읽고 이야기 나눈다.

- 소년의 이름을 지어주자.
- 소년은 무엇을 사라지게 했니?
- 만약에 마법 상자가 있다면 무엇을 넣고 싶니?
- 네가 제일 싫어하는 것은 무엇이니? 왜 싫은지 얘기해 보자.

② 뚜껑(덮개)이 있는 것들을 생각해 보고, 뚜껑 속에 무엇이 있을지 상상해 본다.

- 마법 상자처럼 뚜껑이 열리는 것에는 어떤 것이 있을까?
  (냄비, 항아리, 병, 상자, 도깨비 상자, 서류 가방, 보석함, 피아노 의자 등)
- 그 안에는 무엇이 들어 있을까?
- 뚜껑이 옆으로 열리는 것도 있을까?
  (문, 옷장, 냉장고, 드럼 세탁기 등)

③ 뚜껑 책 만드는 방법을 소개한다.

- 뚜껑 책의 여러 가지 모양을 보고 그 안에 뭐가 들어있을지 생각해 본다.
- 뚜껑을 덮고 전체 그림을 그린 후, 뚜껑 속에 있는 그림을 그려 완성한다.
  (예, 가면을 쓴 얼굴을 그리고 뚜껑 속에는 본래의 얼굴을 그린다)

④ 뚜껑 속에 그리고 싶은 것을 그려 완성한 다음, 친구들에게 소개한다.

- 어떤 뚜껑 책이니?
- 뚜껑을 닫았을 때와 열았을 때의 모습을 이야기해 보자.

참고사항 겉 그림을 먼저 그린 후에 뚜껑을 오려내고, 그 안에 있는 것을 그려 완성할 수 있다.

추후활동 반대말 뚜껑책 만들기

〈함께 보면 좋은 책〉
- 무엇이 있을까요?, 멜라니 월시 글 · 그림, 시공주니어, 2002
- 이상한 놀이공원, 앤서니 브라운 글 · 그림, 김향금 옮김, 미세기, 2008
- 장바구니, 존 버닝햄 글 · 그림, 보림, 1996

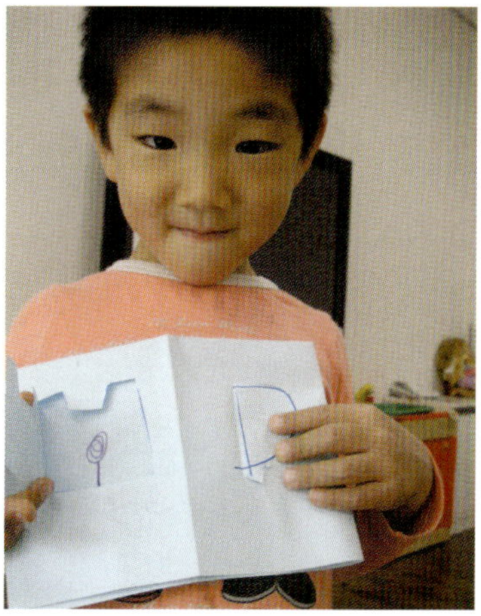

4. 모양 바꾸기 책

이건 상자가 아니야

앙트아네트 포티스 글 · 그림, 김정희 옮김, 베틀북, 2007

동화내용

아기 토끼가 상자를 가지고 놀이한다. 놀고 있는 토끼에게 "상자로 뭐 해" 하고 물어보자 아기 토끼는 "이건 상자가 아니에요" 라고 대답한다. 상자는 아기토끼의 상상대로 여러 가지 장난감으로 변신을 한다. 상자는 산이 되었다가 불타는 집이 되었다가 자동차, 배, 로봇이 되기도 하고, 기구, 마차, 로켓이 되어 우주로 날아간다.

활동목표 여러 가지 모양을 이용하여 그림을 완성한다.
자유롭게 생각하며 표현해 보는 기회를 갖는다.

활동자료 그림책 〈이건 상자가 아니야〉, 도화지, 가위, 싸인펜

모양바꾸기 책

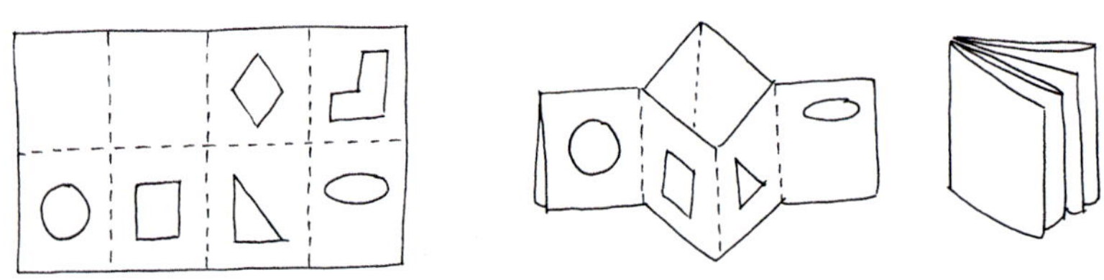

❶ 여덟 개의 면이 나오게 접은 다음 다시 펴서 1~6쪽까지 다양한 모양을 그린다.

❷ 〈작은 책〉 만드는 방법으로 책을 만들어 완성한다.

활동방법

① 그림책 〈이건 상자가 아니야〉를 보고, 상자를 이용해서 만들 수 있는 것을 생각해 본다.

- 토끼는 상자로 어떤 것들을 만들었니?
- 토끼가 만든 것 말고, 다른 것을 만들 수 있을까?

② 모양 바꾸기 책의 1~6면에 여러 가지 모양을 그린 다음 그려진 모양을 이용하여 그림을 완성해 본다.

- 이 책은 어떤 책일까?
- 이 책에 그려져 있는 것은 어떤 모양이니?
- 이 모양을 다른 모습으로 바꿀 수 있을까?

③ 모양 바꾸기 그림책을 친구들에게 소개하고 이야기 나눈다.

〈함께 보면 좋은 책〉

- 앤서니 브라운의 행복한 미술관, 앤서니 브라운 글 · 그림, 서애경 옮김, 웅진닷컴, 2004
- 빨간 풍선의 모험, 옐라 마리 글 · 그림, 시공주니어, 1995

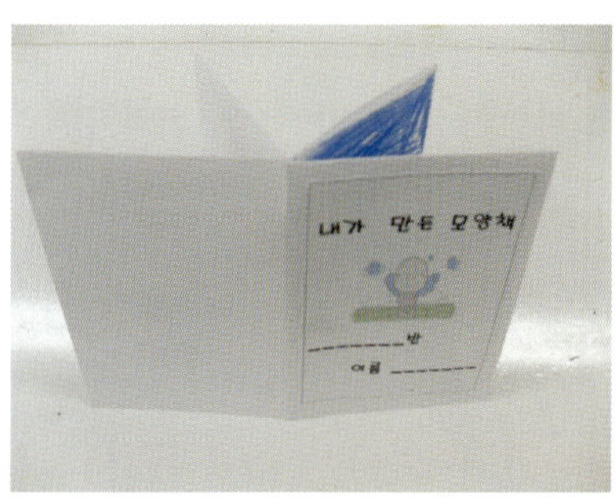

5. 열어 보세요

두드려 보아요

안나 클라라 티톨름 글 · 그림, 사계절, 2007

동화내용

푸른 나무 밑에 있는 작은 집의 파란 문을 똑똑 두드리고 들어가면 꼬마 미카엘이 놀고 있고, 그 뒤에 빨간 문이 보인다. 그 빨간 문을 두드리고 들어가면 토끼 일곱 마리가 식사 중이고, 또 그 뒤에 초록 문을 두드리고 들어가면, 원숭이들이 놀고 있다. 노란 문과 하얀 문을 지나 다시 파란 문을 두드리고 문을 열면, 집 밖의 달님을 만나게 된다.

활동목표 게임을 통하여 그림책의 구성 요소를 탐색하고, 상상놀이를 즐긴다.

활동자료 그림책 〈두드려 보아요〉, 그림책, 가위, 도화지, 싸인펜

수수께끼 책 만들기

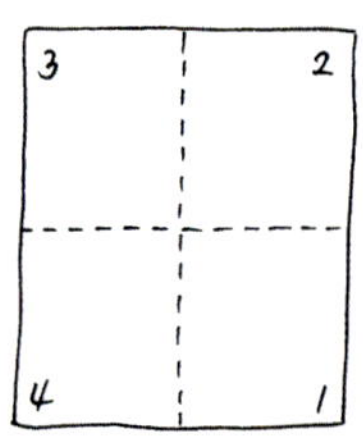

❶ 종이를 4등분이 되게 접는다.

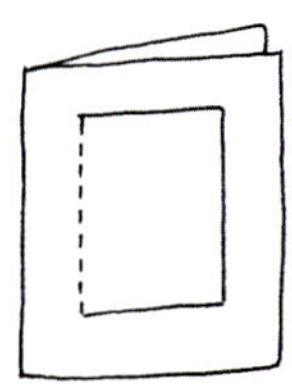

❷ 1쪽에 큰 문을 그리고 선 따라 오리고 점선을 따라 밖으로 접는다.

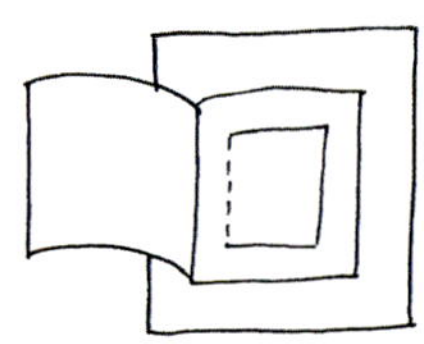

❸ 문을 열고 뒷면에 중간 문을 그려 2의 방법대로 한다.

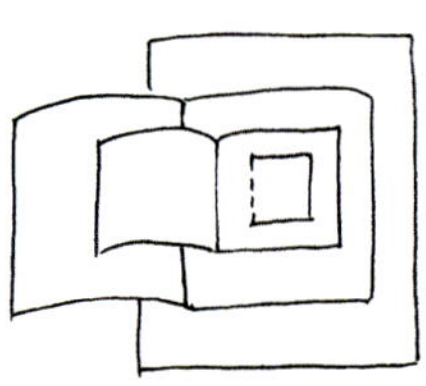

❹ 문을 열고 뒷면에 작은 문을 그려 2의 방법대로 한다.

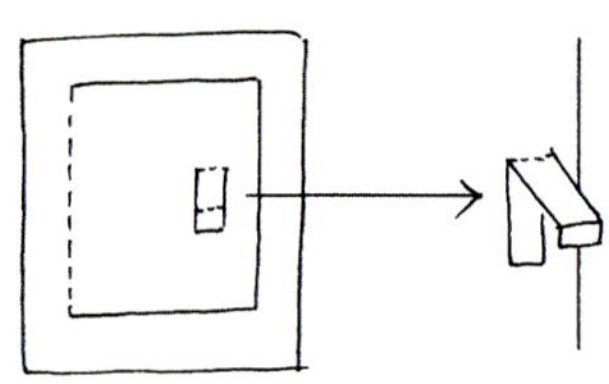

❺ 문마다 손잡이를 오려 밖으로 접는다.

활동방법

① 그림책 〈두드려 보아요〉를 읽어보며 이야기 나눈다.

- 왜 문을 두드리는 걸까?
- 문을 두드려야 할 때는 언제일까?
- 문을 열면 무엇이 나올까? (문 뒤에 누가 있을까?)

② 어떤 책을 만들 것인지 생각해 보고, 문을 하나씩 열어가며 내용을 꾸민다.

- 색깔 책, 숫자 책, 과자 책, 요술 책, 동물 책, 악기 책 등
- 수수께끼 책을 만들어 보자.

③ 책의 앞표지에 책의 이름, 지은이와 그린이, 출판사를 쓰고 주인공을 그린 다음 뒷표지도 꾸민다.

④ 내가 만든 '수수께끼 책'을 친구들에게 소개한다.

- 내가 만든 책으로 수수께끼를 내볼까?
- 잘 듣고 수수께끼를 맞춰 보자.
- '수수께끼 책'을 넘겨 정답을 맞춰 본다.

⑤ 소개한 책에 대해 궁금한 것이 있으면 질문하고, 같이 이야기 나눈다.

추후활동 유아들이 만든 책을 언어 영역에 비치하고, 수수께끼 놀이를 해본다.

6. 의자 책

엄마의 의자

베라 B. 윌리엄스 글 · 그림, 최순희 옮김, 시공주니어, 1999

동화내용

가끔 엄마를 도와 식당 일을 하는 나는 돈을 받으면 절반을 유리병에 넣는다. 엄마도, 할머니도 동전이 생기면 모두 유리병에 넣는다. 엄마가 일을 끝내고 돌아와 쉴 의자를 사기 위해서다. 전에 살던 집에 불이 나서 가구가 다 타 버리자, 이웃 사람들이 살림살이를 갖다 주었지만, 아직 의자는 마련하지 못했다. 마침내 유리병에 돈이 가득 차던 날, 엄마와 나는 멋지고 폭신한 새 의자를 사온다.

활동목표 다른 사람의 말을 주의 깊게 듣고, 자신의 생각을 자유롭게 표현해 본다.

활동자료 그림책 〈엄마의 의자〉, 도화지, 가위, 색연필

의자 책 만들기

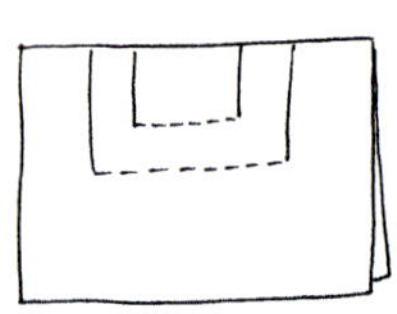

❶ 종이를 반으로 접고 안쪽에 짧은 선, 바깥쪽에 긴 선을 그린 다음 가위로 오린다.

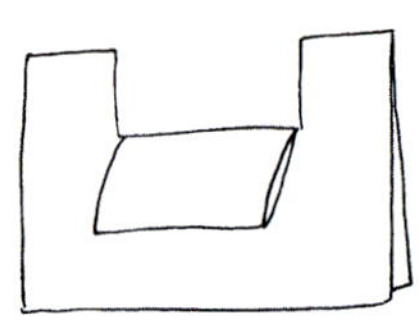

❷ 점선을 따라 아래로 접는다.

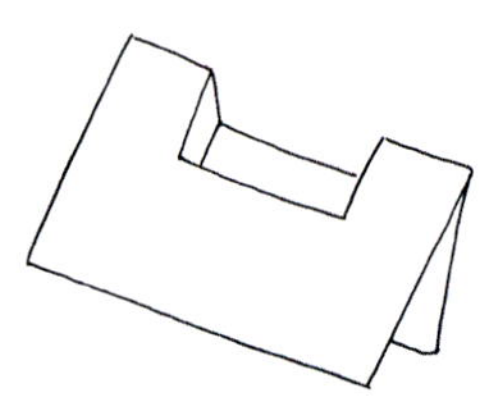

❸ 다시 올려서 지면의 가운데 아래쪽으로 민다.

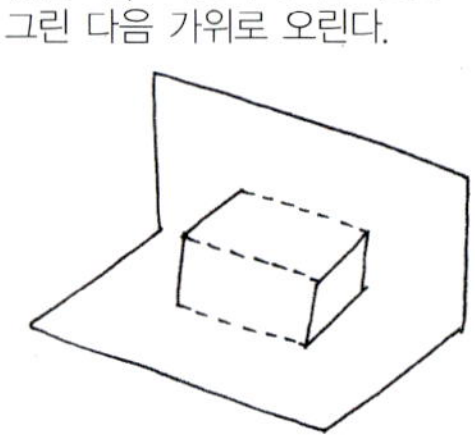

❹ 종이를 펼쳐 팝업 형태가 나오게 접는다.

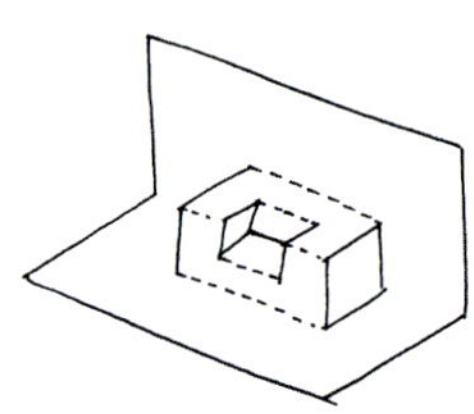

❺ 가운데 부분을 안쪽으로 밀어 완성한다.

활동방법

① 그림책 〈엄마의 의자〉를 읽고, 그림책 속의 의자를 살펴보며 이야기 나눈다.

- 어떤 의자가 마음에 드니?
- 어떤 의자가 앉으면 제일 편할까?
- 책에 있는 의자 말고 또 어떤 의자를 보았니?
- 의자가 나오는 다른 그림책을 소개한다.

② 의자 책 만드는 방법을 소개하고 순서대로 책을 만든다.

- 의자를 선물하고 싶은 사람이 있니?
- 어떤 의자를 선물하면 좋을까?
- 누구의 의자인지 이름을 정하고, 멋진 의자를 만들어 보자.

③ 의자 책을 완성하고 겉 표지에 의자의 이름을 써서 친구들에게 소개한다.

- 어떤 의자 책인지 설명해 보자.

〈함께 보면 좋은 책〉

- 피터의 의자, 에즈러 잭 키츠 글 · 그림, 이진영 옮김, 시공주니어, 2000
- 엄마의 의자, 베라 B. 윌리엄스 글 · 그림, 최순희 옮김, 시공주니어, 1999
- 우리 할아버지, 존 버닝햄 글 · 그림, 박상희 옮김, 비룡소, 1995

7. 책 속의 책

책은 어떻게 만들까요?

알리키 글 · 그림, 서애경 옮김, 비룡소, 2004

동화내용

책의 구조와 만드는 과정에 참여하는 사람들의 이야기로, 하나의 착상에 불과했던 이야기가 한 권의 그림책이 되어 서점과 도서관에 꽂힐 때까지의 과정이 순서대로 나타나 있다. 재미있는 이야기를 작가가 쓰고, 출판 계약을 맺고, 그림을 그리고, 인쇄를 하고, 제본소에서 접지, 재단, 실매기, 속 표지에 풀을 붙이고, 겉 표지를 씌우면 책이 완성된다.

활동목표 책의 구성에 대해 알고, 책이 만들어지기까지의 과정을 이해한다.
좋아하는 책의 특징과 줄거리를 다른 사람에게 이야기해 보는 경험을 갖는다.

활동자료 그림책 〈책은 어떻게 만들까요?〉, 자기가 좋아하는 책 1권, 색도화지, 싸인펜, 풀

책 속의 책 만들기

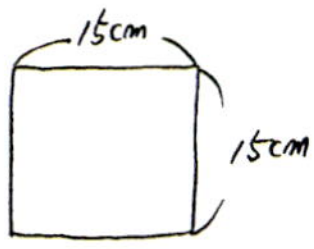

① 마분지로 15×15cm의 정사각형을 만든다.

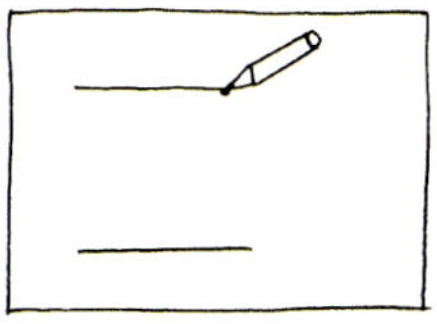

② 흰 도화지(29×21cm)에 1의 본을 놓고 위, 아래 평행선을 그린다.

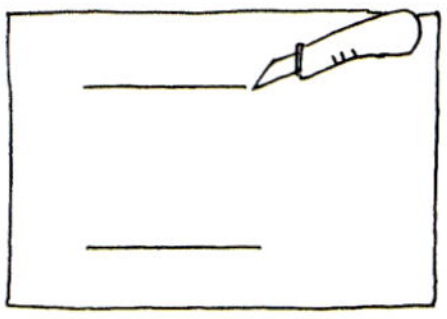

③ 두 개의 선을 자를 대고 자른다.

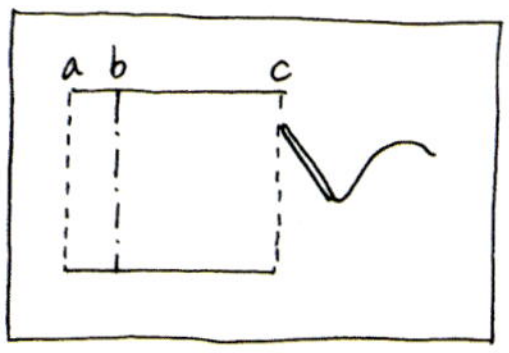

④ 위, 아래 선의 끝부분에 맞추어 자를 대고 돗바늘로 줄을 긋는다.

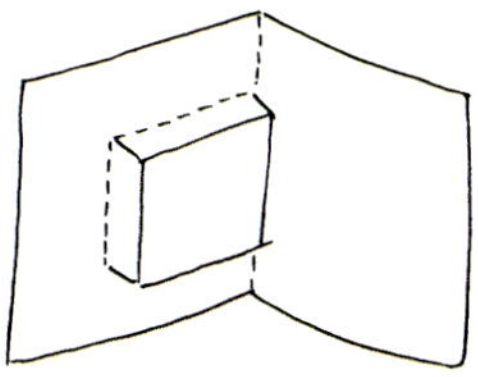

⑤ a와 c는 안으로 접고, b는 밖으로 접은 다음 종이를 천천히 반으로 접는다.

활동방법

① 그림책 〈책은 어떻게 만들까요?〉를 보며 책의 명칭과 구성, 만드는 사람들, 만들어지기까지의 과정을 이해한다.

- 책은 누가 만드는 걸까?
- 책이 되기까지 어떤 사람들이 있었니?

② 자기가 좋아하는 책을 한 권 선택하여 '책 속의 책' 에 주인공이나 가장 인상 깊은 장면을 그림으로 그리고, 옆 면에는 친구들에게 소개하고 싶은 내용을 적는다.

- 친구들에게 소개하고 싶은 책이 있니?
- 그 책에서 가장 재미있던(생각나는) 장면은 무엇이니?
- 어떤 내용을 소개하고 싶니?

③ 책의 앞 표지에 책의 이름, 지은이와 그린이, 출판사를 쓰고 주인공을 그린 다음 뒷 표지도 꾸민다.

④ 내가 만든 '재미있는 책' 을 친구들에게 소개한다.

⑤ 소개한 책에 대해 궁금한 것이 있으면 질문하고, 같이 이야기 나눈다.

- 그 책은 어디에서 샀니?
- 언제 누구와 읽었니?
- 주인공은 누구니? 어떤 이야기였니?

〈함께 보면 좋은 책〉

· 책이라는 배를 타고, 세르지오 로페스 수아레스 글 · 그림, 함께읽는책, 2007

사과가 쿵!
어디 있나 내뿔?

이 꼬리 누구 꼬리?

이 꼬리 누구 꼬리

내가 아빠를
얼마나 사랑하는지 아세요
가족 이야기 1
어디 있나 내뿔?

8. 성책 만들기

중세의 파수꾼 성

케이티 데인스 글, 데이비드 핸콕 그림, 곽영미 옮김, 시공주니어, 2007

동화내용

지금으로부터 천 년 전, 중세 서양 사람들은 영주들의 보금자리이자 모든 사람의 생활 터전인 성에서 생활하였다. 성의 구조와 건축 양식부터 성에 살던 사람들의 문화와 생활 모습, 영주의 화려한 만찬, 기사들의 흥미진진한 마창 시합, 성을 지키기 위한 치열한 전투 장면 등이 소개된다.

활동목표 다른 나라 사람들의 생활과 문화에 관심을 갖는다.

활동자료 그림책 〈중세의 파수꾼 성〉, 화보(그림 자료), 도화지, 가위.

성책 만들기

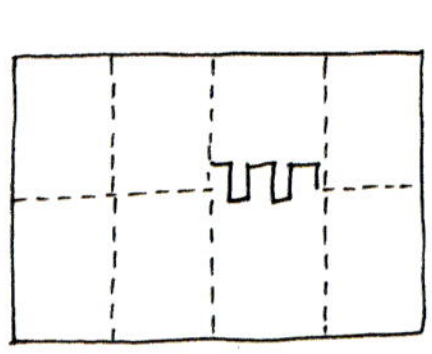

❶ 여덟 개의 면이 나오게 접은 다음 종이를 펴고 중앙에 선을 그린다.

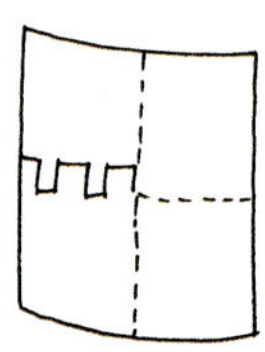

❷ 종이를 반으로 접어 그림과 같이 성벽이 되는 부분을 선을 따라 오린다.

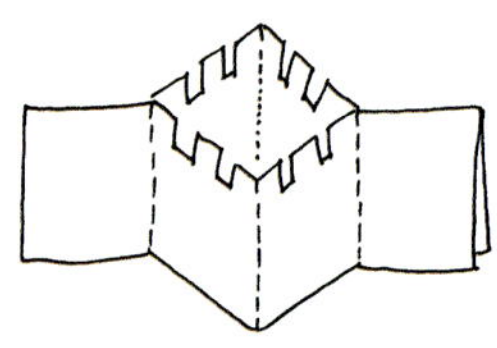

❸ 왼쪽과 오른쪽 끝을 가운데 쪽으로 민다.

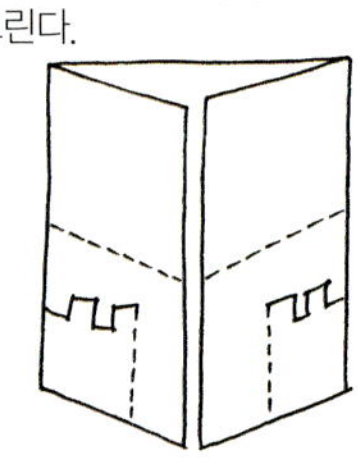

❹ 종이를 펴고 왼쪽과 오른쪽 가장자리를 가운데 쪽으로 접은 다음, 왼쪽과 오른쪽 성 부분을 오린다.

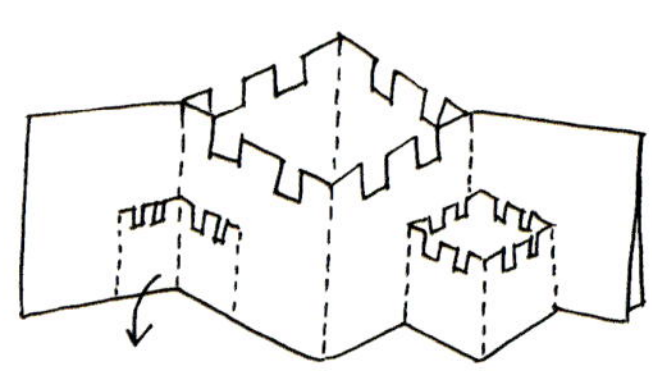

❺ 종이를 펼쳐서 접은 부분이 튀어 나오도록 앞으로 잡아 당기고 성 문을 오려낸다.

활동방법

① 그림책 〈중세의 파수꾼 성〉을 보며 성의 구조와 건축 양식부터 성에 살던 사람들의 문화와 생활 모습에 대해 이야기 나눈다.

- 성의 구조를 알아보자. 성 안에는 무엇이 있을까?
- 성 안에는 누가 살고 있을까?
- 옛날의 성과 오늘날의 성을 비교해 보자.

② 성이 나오는 그림책을 찾아보고 성의 모습을 살펴본다.

- 성의 모습이 나오는 그림책을 찾아보자.
  (신데렐라, 백설공주, 미녀와 야수, 라푼첼, 장화 신은 고양이)

③ 만들기 순서대로 성책을 만든 다음, 성을 꾸미고, 안에 사는 사람을 그려 넣는다.

- 완성된 성책을 세우고, 레고 블록으로 마을사람, 다리, 집 등을 꾸며 본다.

④ 성책을 완성하고 친구들에게 소개하는 시간을 갖는다.

추후활동 협동 작업으로 큰 박스를 이용하여 성을 만들고, 블록으로 요새를 만들어 본다.

〈함께 보면 좋은 책〉

- 중세의 성, 크리스틴 사니에 지음, 최내경 옮김, 보물섬, 2003
- 잠자는 공주, 곽선영, 그림 형제 지음, 보물섬, 웅진주니어, 2005
- 미녀와 야수, 잔-마리 르프랭스 드 보몽 글, 안느 롱비 그림, 김주경 옮김, 베틀북, 2005
- 장화신은 고양이, 샤를 페로 글, 프레드 마르셀리노 그림, 홍연미 옮김, 시공주니어, 1999

9. 병풍 책

장날

이윤진 글, 이서지 그림, 한솔수북, 2008

동화내용

병풍처럼 우리네 옛날 장터 풍경이 펼쳐지는 그림책으로 옛날 장터에는 풍년을 기원하는 농악 패부터 구경꾼을 불러 모으는 남사당패의 줄타기 공연, 오랜 만에 만난 어른들이 펼쳐 놓은 윷놀이 판이 있었고, 옛날 이야기를 보여 주고 들려 주는 '요지경' 아저씨, 엿판 앞에 모여 엿치기 하는 아이들, 닭 잡으러 허둥대는 아저씨, 소 싸움하는 소시장 등 옛날 장터에서 볼 수 있는 풍경을 그려 놓았다.

활동목표 다른 사람이 말하는 내용을 주의 깊게 듣는다.
지시에 따라 몇 가지 특징에 의해 사물을 변별할 수 있다.

활동자료 그림책 〈장날〉, 두꺼운 도화지, 가위. 투명테이프, 싸인펜, 색연필

병풍 책

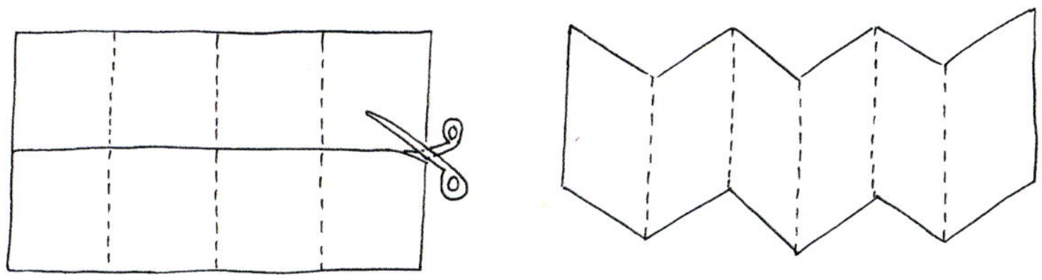

❶ 2절 크기의 두꺼운 전지 2장을 가로로 길게 잘라 4등분이 되게 지그재그로 접는다.

❷ 전지를 투명테이프로 이어 붙여 완성한다.

활동방법

① 그림책 〈장날〉을 보며 옛날 시골 장터에서의 풍경에 대해 이야기 나눈다.

- 그림책 '장터' 가 다른 그림책과 다른 점은 무엇이니?
- 그림책을 펼치며, 장날의 모습을 천천히 살펴보자.
- 재미있는 그림을 찾아보고 친구들에게 소개해 보자.

② 그림책 〈장날〉을 바닥에 길게 펴놓고 찾기 놀이를 해본다.
- 소싸움 하는 소시장은 어디에 있니?
- 남사당패의 줄 타는 모습을 찾아보자.
- 농악놀이 하는 사람들은 어디 있을까?

③ 옛날 장터와 대형 마트의 모습을 비교해 본다.
- 요즘에는 필요한 것이 있으면 어디서 살까?
- 장터와 대형 마트(백화점)는 어떻게 다를까?
- 마트에 갔던 경험을 이야기해 본다.

④ 대형 마트(백화점)의 모습을 병풍 책으로 꾸며 본다.
- 병풍 책에 여러 친구들이 같이 그리고 싶은 것은 무엇이니?
- 유아 3~4명씩 소집단으로 한 그룹이 되어 그려 본다.

⑤ 병풍 책을 벽면에 게시하여 유아들이 감상할 수 있도록 한다.

추후활동
- 우리 동네, 유아교육기관, 놀이공원, 해수욕장, 기차 내부의 모습 등 다양한 주제의 병풍 책을 협동 작업으로 만들어 볼 수 있다.
- 두 명의 유아가 나란히 서서 각각 왼쪽 다리와 오른쪽 다리를 묶고 어깨동무하여 반환점을 돌아오는 '둘이서 한 마음' 게임을 실시한다.

〈함께 보면 좋은 책〉
- 장터 나들이, 김정희 글 · 그림, 한림출판사, 2007
- 시장 나들이, 정승모 글, 최민주 그림, 보림, 1995

10. 모자 책

모자 쓰고 인사해요

국립한경대학교 디자인학부 지음, 이혜경 그림, 보림, 2006

동화내용

우리나라, 몽골, 베트남, 러시아, 네덜란드, 영국, 브라질, 멕시코 등 세계 각국의 전통 모자와 전통 의상, 인사말에 대해 소개하고, 모자와 가면 형태로 된 보드북을 쓰고 놀면서, 세계 여러 나라의 문화를 간접적으로 체험한다.

활동목표 세계 여러 나라의 문화에 관심을 갖는다.

활동자료 그림책 〈모자 쓰고 인사해요〉, 여러 종류의 모자, 거울, 모자 본, 가위, 크레파스

모자 책 만들기

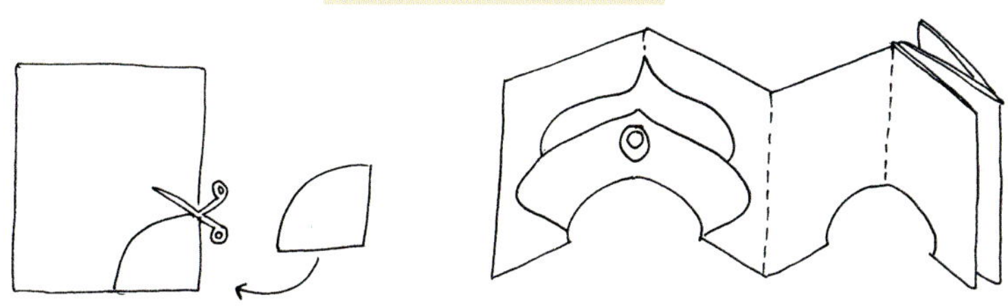

① 두꺼운 도화지(25×18cm)를 반으로 접어 본을 대고 얼굴이 들어가는 부분을 오려 낸다.

② 도화지를 펼쳐서 여러 가지 모자를 그린 다음, 투명 테이프로 연결한다.

활동방법

① 그림책 〈모자 쓰고 인사해요〉에 있는 모자를 쓰고 세계 여러 나라의 국기, 인사말, 풍습 등에 대해 이야기 나눈다.

- 그림책 〈모자 쓰고 인사해요〉에 어떤 모자가 있는지 알아보자.
- 세계 여러 나라의 모자가 어떻게 다르니?
  (우리나라, 몽골, 베트남, 러시아, 네덜란드, 영국, 브라질, 멕시코 등)
- 전통 모자를 쓰고 거울을 보자. 거울에 비친 모습이 어떠니?

② 직업, 계절, 성에 따라 다른 모자의 종류와 쓰임새에 대해 알아본다.

- 이 모자는 어떤 때 쓰는 모자일까?

- 모자를 써 본 경험을 이야기해 보자.
- 운동할 때 쓰는 모자는 어떤 것이 있을까?
  (야구, 수영, 권투, 승마, 골프 등)
- 일할 때는 어떤 모자를 쓸까?
  (요리사, 경찰관 등)

③ 만들기 순서대로 〈모자책〉을 만들어 본다.

- 쓰고 싶은 모자나 갖고 싶은 모자를 그려 보자.
  (우리 가족이 쓰는 모자, 아기 모자, 요술 모자 등)

확장활동 '모자 장수 아저씨' 를 주제 환상극 놀이로 표현할 수 있다.

〈함께 보면 좋은 책〉

- 모자 사세요!, 에스퍼 슬로보드키나 글 · 그림, 박향주 옮김, 시공 주니어, 1999
- 모자, 토미 웅게러 글 · 그림, 진정미 옮김, 시공 주니어, 2002
- 제니의 모자, 에즈라 잭 키츠 글 · 그림, 김미련 옮김, 느림보, 2004
- 빨간 모자, 그림 형제 지음, 최숙희 그림, 웅진 주니어, 2005

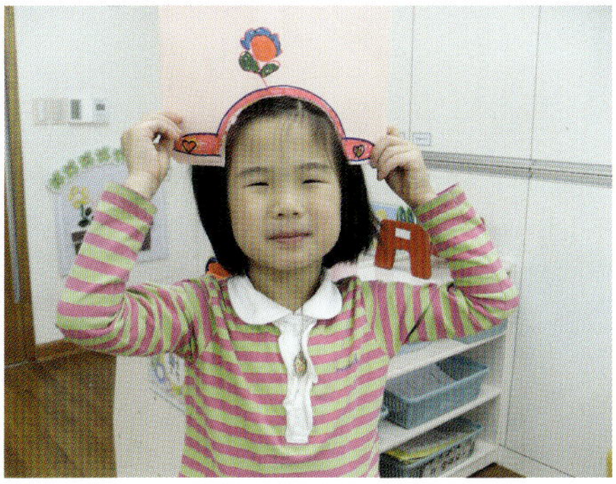

왕관

왕관
모자

그림책 목록

- 책 만들기 놀이

- **내 친구 커트니** 존 버닝햄 글,그림, 고승희 김, 비룡소, 2000
- **우리 엄마** 앤서니 브라운 글 · 그림, 허은미 옮김, 웅진주니어, 2005
- **무엇이든 삼켜버리는 마법 상자** 코키루니카 글 · 그림, 김은진 옮김, 고래이야기, 2007
- **이건 상자가 아니야** 앙트아네트 포티스 글 · 그림, 김정희 옮김, 베틀북, 2007
- **엄마의 의자** 베라 B. 윌리엄스 글 · 그림, 최순희 옮김, 시공주니어, 1999
- **책은 어떻게 만들까요?** 알리키 글 · 그림, 서애경 옮김, 비룡소, 2004
- **중세의 파수꾼 성** 케이티 데인스 글, 데이비드 핸콕 그림, 곽영미 옮김, 시공주니어, 2007
- **모자 쓰고 인사해요** 국립한경대학교 디자인학부 지음, 이혜경 그림, 보림, 2006

참고문헌

고문숙 · 임영심 · 황정숙(2005). 어린이 놀이지도. 서울: 양서원.

교육부(2000). 유치원 교육 활동 지도 자료 1~12. 서울: 대한 교과서 주식회사.

박정아 · 안미정(2006). 생각이 자라는 즐거운 책 만들기. 서울: 예경.

박찬옥 · 정남미 · 임경애(2004). 유아놀이지도. 서울: 학문사.

______ · 정남미 · 곽현주(2008). 놀이지도. 서울: 정민사.

신화식 · 이희경 · 오은순 · 곽노의 · 김명희 · 이선희 · Judy Cochran(2006). 영유아 놀이지도. 서울: 교문사.

여성가족부(2007). 보육프로그램 (0세~5세). 육아정책개발센터.

이송은 · 이선영(2006). 유아문학교육의 이론과 실제-그림책 활동을 중심으로. 서울: 창지사.

최석란 · 이경희 · 이상화 · 서원경(2006). 놀이지도. 서울: 공동체.

최유경(2006). 책 만들기를 통한 창의적 언어교육 III. 서울: WOW PLAY.

현은자 · 강은진 · 변윤희 · 심향분 · 최경 · 나선희 · 윤아해 · 오정옥 · 강은애 · 육길나(2007). 그림책과 예술교육. 서울: 학지사.

EBS 〈아기성장보고서〉(2009). 아기성장보고서 : EBS 특별기획 다큐멘터리. 서울: 위즈덤하우스.

Jeffrey Trawick-Smith(2001). 놀이지도: 아이들을 사로잡는 상호작용. 송혜린 외(역), 서울: 다음세대(원본 발간일 1994).

Johnson, P.(2006). 메이킹북 프로젝트. 나유진 옮김. 서울: 아이북.

Nelsen, M. R., & Nelsen, J.(2002). *Peak with books: An early childhood resource for balanced literacy*. New York: Delmar.

저자 약력

정남미

숭의여자대학 유아교육과 졸업

중앙대학교 교육대학원 유아교육 전공(교육학석사)

중앙대학교 대학원 유아교육 전공(문학박사)

현, 숭의여자대학 유아교육과 교수

저서: 유아언어교육(2005, 창지사)

문학적 접근에 의한 유아언어교육 프로그램(공저, 1998, 정민사)

문학적 접근에 의한 통합적 유아교육 프로그램(공저, 1999, 정민사)

유아 교과교재 연구 및 지도법(공저, 2005, 정민사)

영유아의 개념형성을 돕는 총체적 언어교육 프로그램(공저, 2006, 정민사)

유아놀이지도(공저, 2008, 정민사)

안은정

숭의여자대학 유아교육과 졸업

중앙대학교 대학원 유아교육 전공(문학석사)

중앙대학교 대학원 유아교육 전공(문학박사)

현, 숭의여자대학, 한양여자대학 유아교육과 강사

국립재활대학교 아동보육과 강사, 광진구 보육정보센터장

이용숙

숭의여자대학 유아교육과 졸업

중앙대학교 교육대학원 유아교육 전공(교육학석사)

현, 한양대학교 사회교육원 강사

서울여자대학교 평생교육원 · 보육교사교육원 강사

영유아를 위한 그림책과 놀이지도

초판 1쇄 발행 2009년 7월 27일
초판 2쇄 발행 2013년 8월 30일

지 은 이 | 정남미 · 안은정 · 이용숙
펴 낸 이 | 김기섭
책임편집 | 최창숙
펴 낸 곳 | 창지사 www.changjisa.com
153-802 서울특별시 금천구 가산디지털 1로 83 파트너스타워1차 9층
전화 (02) 719-2211~3
팩스 (02) 701-9386
등 록 | 1977년 4월 28일 · 제1-421호

ISBN 978-89-426-0536-1 93370

값 17,000원